迷家奇譚

装丁｜アルビレオ
カバー写真｜高島空太／Kuta Takashima
（協力：KEN NAKAHASHI ギャラリー）

——入ル

江戸名所図会に描かれた新日暮里を探して千駄ヶ谷を訪ねた。暗渠《あんきょ》になった渋谷川が足もとを流れ、かつて松明のように燃えたという榎を祀る稲荷社に立ち寄る。

やがて、緑の草木を頂いた隧道《ずいどう》に辿りつく。東京オリンピック開催に合わせて掘削されたこのトンネルには幽霊が出るそうだ。トンネルの上の寺、仙寿院の霊園に葬られた人々は、明治には大火に遭い、昭和には空襲で焼かれたかと思ったらショベルカーで掘られ、おちおち眠っていられなかったのだろう。

徳川家康の側室、お萬の方の発願で開山し、十万石の格式を持っていたという仙寿院こと、新日暮里。広大な堂宇を一巡りし、山裾の茶屋で一服していると鐘が鳴った。

そのときふいに、「何もかも、昔日には遠く及びません」と耳もとで囁かれて我に返った。

——この世のどこでも、空気の皮を一枚めくると、別の世界が潜んでいる。近くて遠い、異界の秘密を語りたい、語られたい者たちがいる。

奇譚とは、彼らの声なき声、姿なき姿のおぼろげな輪郭。

迷家奇譚　目次

○一 追憶の遠野紀行――奇譚探偵、始めました

はじめて遠野を訪れたのは一九八〇年(昭和五十五年)のことだ。中学二年生で一三歳だった私を、夏休みに、父が彼の地へ連れていった。

その頃、私の父は四四歳。父が他の学者さんと共訳して一九八二年に学研から刊行された『六朝・唐小説集』の序文には、父たちを指して「現代の少壮・中堅の学者の皆さん」と書かれていた。当時、父は東京都内の国立大学で教鞭を執りながら、中国の古い説話文学を研究していたのである。

今では、古代中国の民間信仰や説話が海を渡って日本に伝承し、民話や習俗として根づいた例があることは、昔話「天の羽衣」や、七夕伝説の織女《しょくじょ》と牽牛《けんぎゅう》の話をはじめ、よく知られている。古代の大陸から現代日本へ時空を超える壮大なロマンは、昔から多くの研究者を惹きつけてきた。少壮・中堅どころの、つまり学者として脂《あぶら》が乗ってきた時期だった父も、中国と日本の説話や民間信仰のリンクに興味をそそられたようだ。

父は、古代中国の説話をせっせと翻訳しているうちに、遠野地方に残る〈おしらさま〉の伝説に、中国の説話である『捜神記』や『神女伝』の記述と一致点が多いことに気づいたらしい。

中国の説話文学の多くは口伝え、つまり口承で残されているから、中国で現地踏査〈フィールドワーク〉をすることには慣れていた。遠野の〈おしらさま〉も、また、イタコが口承している。

だから中国でしてきたのと同じように、遠野でも現地踏査を行おうと父は考えたわけだ。

しかし、なぜまた大学の助手ではなく、中二の娘と二人きりで旅行する気になったのか。

おそらく、原因は私にあった。

私は当時、父とほとんど口をきかなくなっていた。私立中学の受験に失敗したとき父が放った一言に、深く心を傷つけられていたからである。

中学受験のシーズン中、私は風邪をこじらせてずっと熱が下がらず、第一志望だったところから滑り止めまでことごとく入学試験に落ちた。

すると父は、私に面と向かって「パパは恥ずかしい」と言い放ったのだ。

自分で言うことではないが、私はそれまで成績優秀で、父の自慢の娘であり、父は大学の自分の研究室にたびたび私を連れていって他の先生方に自慢していた。「今度、どこそこの中学を受験するんですよ」くらいのことを吹聴してしまっていたとしても不思議はない。だからそんな言葉がひょいっと口をついて出てしまったのだろう。

ともあれ、私は衝撃を受け、以来父を許さず、さらに勉強というものを一切しなくなった。私には三つ下の妹がおり、彼女は小学校の成績が芳しくなかったことから受験勉強を免れていた。父が妹には「パパは恥ずかしい」と言うことはないのだと思うと悔しくてならず、高校には進学しないと両親に向かって宣言したという記憶がある。

当然、父は心配した。

けれども彼は口下手で、弁舌なめらかなのは大学で講義するときと学会で論文を発表するときだけ。家では、テーブルマナーを少しうるさく言うくらいで、あとはほとんど黙っているタイプだった。

浮世離れした研究に没頭しすぎて、スポーツに興味はなく、文化的な趣味もなく、調査旅行で留守にしたかと思うと、帰郷しても書斎にこもってばかりいる。そんな男が思春期をこじらせた娘に何をしてやれるか考えた結果、自分の研究に付き合わせることにしたわけだ。


一九八〇年の七月二十五日、東京を出るとき降っていた雨が、当時の国鉄東北本線の特急〈はつかり一号〉に乗っている間に止んだ。

朝の七時半頃に上野駅を出発して、午後一時半過ぎに花巻駅に到着した。簡素な駅舎から一歩外へ出ると、真っ青に晴れあがった空の高みに小鳥が舞っていて、見上げていると、横で父が「ヒバリだ」と言った。

私は返事をしなかった。父も、それっきり沈黙した。

澄み切った大気に光の粒が踊っているようで、東京の晴れた日よりも景色が明るい。そのくせ、いくらか涼しいようだ。風が吹いているせいだろうか。

私は特急電車の車内で読んでいた宮沢賢治の短編集『銀河鉄道の夜』の中の一篇「風の又三郎」の冒頭の場面――「青ぞらで風がどうと鳴り、日光は運動場いっぱいでした」――を思い起こして、別世界に彷徨《さまよ》いこんだ心地がした。

父が黙って歩き出す。その後ろをついていくと、駅前の旅館に着いた。二階建ての小さな建物で、うっかりすると旅館だと気づかずに通り過ぎてしまいそうな所である。旅館に大きな荷物を置かせてもらうと、軽いナイロンのナップザックだけを背負って、再び電車に乗り、隣の二枚橋駅（現・花巻空港駅）まで移動した。

今回の旅行は三泊四日で、七月二十八日に帰京する予定だと聞かされていた。

父の計画は、こうだった。

初日は、花巻市内にある宮沢賢治の住んでいた家や北上川の〈イギリス海岸〉と呼ばれる賢治ゆかりの地に行く。

二日目は、〈カッパ淵〉など遠野の名所を巡ったのち、午後三時に遠野市内に住むイタコの佐々木みなさん宅を訪ねて、〈おしらさま〉の話や、地域に伝わる祭祀の習慣について聞かせてもらう。

そして三日目には、最初の宿を引き払って盛岡市へ移動し、市内にある私の母方の遠縁の家を訪問する。その家は伝統的な〈曲り家〉で、今も家族がそこに暮らしているという話だった。

三日目の夜は同じく市内の〈座敷童〉がいることで有名な旅館に泊まり、四日目の朝に盛岡駅から特急電車に乗って東京へ帰る。

こうした予定は前日までに聞かされていて、正直なことを言うと、あまり面白くなさそうだと思っていた。この旅行の計画を拒まなかった理由は、母に、「パパの願いを断らないであげて」と懇願されたからだった。

しかし、実際に旅が始まってみると、俄然、愉快になってきた。

私は、宮沢賢治の詩や童話はあらかた読んでいたし、柳田國男の『遠野物語』も、ざっくりと上っ面を撫でた程度ではあるが、知っていた。

また、父がコレクションしていた山田書院の『日本六十余州　画報　傳説と奇談』全一八集を小学校低学年の頃から愛読しており、河童や座敷童や予言をするイタコの話に親しんでいて、土地毎に伝わる奇譚があることも承知していた。

――ああした伝説や民話が生まれて、もしかすると今も息づいている土地へ赴くのだ。しかも、ただ行くのではない。学者である父の調査を見学することになるのだ――

そう思うと、心の奥で眠っていた妖怪たちが一斉に浮かれて踊りはじめるような心地がして、日頃、憎たらしく思っていた父を見直すような気にもなったのである。

さらに、父は隠し玉を持っていた。

「今日から助手をやってもらう」

歩きながら、突然そんなことを父は言った。

これは聞かされていなかった。父と会話することにはまだ抵抗があったが、好奇心が抑えきれず、私は訊ねた。

「助手って、何をすればいいの？」

すると、父は大真面目にこんな説明をした。

「フィールドワークには記録が大事なんだ。日付、時刻、場所、取材対象者、聴取した内容。きちんとメモを取っておかなければいけない。明日お会いする佐々木さんのお話はカセットテープに録音するから、テープ起こしをする必要もある」

無論、父は中二の娘に本気で仕事を手伝わせるつもりだったわけではなかろう。

私がしょっちゅう書斎に忍び込んでは、父の書きかけの説話の訳文を読んでいたことがバレていたかどうかはわからない。しかし、父が好んで翻訳する古い中国の説話は奇怪な幻想譚が多く、そしてそういう話を私が好んでいるようだということは承知していたと思う。

何より、父の仕事に興味があることも。

「私が、メモを取ったりテープ起こしをしたりするの？」

「やってみないか？　出来なければ、私がするが……」

「やる。やりたい」

そうか、と父はうなずいた。


まず、宮沢賢治の家に行った。正確には〈羅須地人協会〉という、宮沢賢治の私塾と住居を兼ねた建物で、岩手県立花巻農業高等学校の敷地内に管理されている。当寺は建物内部を見学するには高校の事務室で鍵を借りる必要があったが、今はどうなのだろう。

一九八〇年のあのときは二度目の移築の翌年であり、まだ、「地人会館」や「宮沢賢治先生の像」はなかった。それらは一九八七年の八〇周年や二〇〇七年の一〇〇周年の記念事業として新しく設けられたものだ。私たちが行ったときは、見所は〈羅須地人協会〉の建物と庭園ぐらいのものだった。記憶違いかもしれないが、現在の同会のホームページに写真付きで紹介されている賢治の石碑もなかったように思う。一対の石柱からなる旧校門はあった。

建物の玄関横の壁に、賢治の筆跡を模して「下ノ畑ニ居リマス」と書かれた黒板があり、中に入ると火鉢や椅子、古いオルガンが床に置かれ、宮沢賢治の年譜などが展示されていた。

展示物よりも私が惹かれたのは、この建物が、元は宮沢家の別荘であり、賢治の妹・トシが死の数日前まで療養生活を送った場所だということだった。

私は宮沢賢治の詩「永訣の朝」が好きだった。

永訣とは永久の別れのこと。

「けふのうちに　とほくへ　いってしまふ　わたくしの　いもうとよ　みぞれがふって　おもては　へんに　あかるいのだ」から始まって、途中に四回、「あめゆじゅ　とてちて　けんじゃ」というトシの台詞が挿入される、この悲哀に満ちた長い詩を、私は何べん読んだか知れなかった。

賢治はトシの死後にこれを書いた。「雨雪　取ってきてちょうだいな」と乞われたときのことを何度も思い返しながら綴ったのだという。

思えば、宮沢賢治の文学作品にはどれも死の影が差しているようだ。

北上川のほとりに移動して、〈イギリス海岸〉へ行くと、私はますますその思いを深めた。

私たちが訪れたときは幸い川の水位が下がっていて、太古の景色を思わせる独特の景色が見られた。イギリスのドーバー海峡にはこのような白っぽい泥岩層が露出した海岸があるのだというが、ここはまるで「銀河鉄道の夜」の〈プリオシン海岸〉ではないかと思った。

この水辺で一二〇万年前の胡桃《くるみ》の実を拾ったカンパネルラは、実は川で溺れて死んでいて、すべては主人公のジョバンニの夢だったのだ。

私はいよいよ既視感に囚《とら》われた。なにせ〈プリオシン海岸〉の場面にも学者が登場したが、学者ならば、目の前にいるわけだし。

「宮沢賢治の頃には、この小舟渡河岸の地層は新第三紀のうち鮮新世と呼ばれるプリオシン時代に出来たものだと考えられていたんだ。大正四年に東北帝大の先生たちがここでバタ胡桃の発掘調査をした。賢治はその案内をした。今ではここの地層は第四紀のうちの洪積世に属するものだとされている」

専門分野以外のことでも、父はやたらと知っていた。物識《ものし》りなのだ。

「この近くにバス停がある。徒歩で来てしまったが、バスに乗ればよかった。賢治の頃は岩手軽便鉄道があのバス停の前の道を走っていて、バス停のところには汽車の降車場があった。『銀河鉄道の夜』に出てくる〈白鳥の停車場〉のモデルだろう」

私たちが行ったときにはまだなかったが、今は〈イギリス海岸〉のバス停の前に〈はくてふ（白鳥）の停車場〉という待合所があるという。これをつくったのは花巻市と宮沢賢治の作品のリンクを研究している〈賢治・星めぐりの街活性化協議会〉で、同会によれば花巻市内には賢治作品に登場する舞台のモデルになった場所が約二〇か所もあるということだ。

〈イギリス海岸〉から奥州街道へ出て三〇分余りも歩いたところに、宮沢賢治の詩碑があった。高さが三メートル以上ある立派な石碑で、賢治の「雨ニモ負ケズ」の後半部分が彫刻家の高村光太郎によって石の面に刻まれている。

「最初に見てきた宮沢賢治の家は、本当はここに建てられていた。移築された跡地に、石碑を建てたわけだ。石碑の下には、宮沢賢治の遺骨と御経がおさめられているそうだ。賢治の命日の九月二十一日にはここで〈賢治祭〉が開かれるんだ……」

私は父の解説を聞きながら、石碑の根本を這っている巨大なナメクジを眺めて、賢治の幽霊が出るならここだな、などと下らないことを考えていた。ナメクジは本当に大きく、全長が一四、五センチはあり、太くて褐色の模様のある胴体が蛇のようだった。

父の解説はまだ続いていたが、やがて私は我慢できなくなって叫んだ。

「見て！　あれは何なの？　あんなの見たことある？」

ひそかに、あれは賢治の生まれ変わりなのではないかと思っていたのだが、父は平然と、「ある」と答えた。

「ヤマナメクジだな。九州や四国の山間部に多い。関東にもいることはいるが、岩手県では珍しいかもしれない。それにまた、雨が降ったわけでもないのに、日中、地表に出てくることも普通はない。岩や倒木の下に隠れているはずなんだ。潜っていたところが乾いてしまったのかもしれない」

そんなに珍しいものならば、これはやはり宮沢賢治の魂かもしれない。私は畏敬の念を込めてナメクジを見つめながら、つぶやいた。

「……蛇みたい」

すると父は何事でもなさそうにパッとナメクジを捕まえて掌に載せ、唖然としている私の方に近づけた。

「嚙まないよ。触ってごらん」

賢治の魂、もとい、ヤマナメクジはのろまで、冷たく湿り、予想していたより硬くて、ゴムのような感触だった。


翌日は、いよいよ柳田國男の『遠野物語』の世界へ――。

その日のハイライトは、イタコの佐々木みなさんを訪問することだった。

『遠野物語』の書き出し部分は、「この話はすべて遠野の人佐々木鏡石君より聞きたり」。佐々木鏡石は、〈日本のグリム〉とも呼ばれた遠野出身の作家・佐々木喜善のペンネームだ。同じ佐々木姓ということは血縁者なのではないかと思い、父に訊くと、「わからない」とのことだったが、偶然だとしても面白いと感じた。

昨夜は、夕方、花巻駅前の蕎麦屋で名物の「わんこ蕎麦」を食べ過ぎて夜になっても腹がくちく、興奮しているせいもあって、なかなか寝付けなかった。深夜まで布団の上に起きて『遠野物語』を読み返していた。

ちなみに、この頃は『遠野物語』は文語体の原文のものしか売られていなかった。ルビやレ点が振られてはいたが、中二にしては少々背伸びして頑張っていたように思う。

一九九二年(平成四年)に河出書房新社から『口語訳　遠野物語』が出版されて、『遠野物語』と読み比べてみたら、まったく味わいが違うので驚いた。口語訳の方は遠野市生まれの佐藤誠輔が、「なじょにして」「どこさ」「ほだらば」など、お国言葉を台詞の部分に用いつつ現代語に訳しているので、易しく読めるだけでなく、人間味があって感情移入しやすい。

それに対して、柳田國男の文体は硬質で歯切れがよく、「なり」「たり」「知れり」という文末のくり返し効果による小気味よいリズムが強い個性を放っている。美しいが、好き嫌いが分かれる文章なのではないか。

私は、佐藤誠輔の口語訳も柳田國男の原文も、どちらも好きだけれど、口語訳の方を後に読んだときには、佐々木みなさんのことを思い出して懐かしかった。

佐々木さんに会うことを楽しみにしながら、花巻駅から国鉄釜石線で遠野駅に向かった。朝の七時半すぎに電車に乗って、約一時間で遠野駅に到着した。ひなびた小さな駅舎をなんとなく想像していたら、意外にも鉄筋コンクリートの二階建の駅だった。一九〇九年（明治四十二年）、柳田國男は花巻駅から遠野の市街地まで行くのに人力車などを使って六時間も費やし、遠野に着いてからは馬を借りて各所を巡ったというが……。

「路線バスがあれば利用しよう。まずは駅から歩いてすぐの遠野市立博物館に行くとしよう」

遠野市立博物館は、この年の六月一日にオープンしたばかりだった。私と父が足を踏み入れたときは真新しい建物で、開館にともなって広報がなされていたのと学校の夏休みということもあって、入り口で並ぶほどではなかったが、結構にぎわっていた。

同博物館は、二〇一〇年（平成二十二年）に『遠野物語』発刊一〇〇周年および開館三〇周年を迎えたことを記念して、全面リニューアルしたという。今回この稿を起こすにあたって、日付等を確認するために電話で問い合わせたところ、係の方が当時の遠野市の広報誌まで調べてくださった。そのときその方は、「リニューアルして大変近代的になりました」と言われていたけれど、一九八〇年の夏に訪れたときも、私は充分すぎるほどに今風だと感じたものだ。

午前九時の開館の時刻を待って入館し、出来たてホヤホヤの各展示を見学してまわった。日本初の民俗専門の博物館だそうで、里山を写した写真や生活道具などの民俗資料が豊富に展示されており、一巡すると、『遠野物語』の世界がさらに身近になったように感じた。

遠野市は、北上山地最大の遠野盆地を中心として岩手県の内陸部にあり、かつて仙台藩と盛岡藩の藩境の城下町として栄えた歴史があるという。盆地の平野部は畜産に適し、遠野は南部駒と呼ばれる名馬の産地としても名高かった。城下町には馬市が立ち、沿岸部と町を繋ぐ道筋には、薬売りや旅芸人などさまざまな旅人が行き交った。

柳田國男は、遠野の里山を、世界の循環システムの小規模なものであると捉えていた。

柳田國男が説く循環システムとは、春に山から神が田に降りて、夏から秋に作物を実らせ、秋が終わると山に帰るという、人の暮らしと自然が一体になった永久運動のことである。しかし、この柳田説は今では古く、新しい民俗学では、里山に海を加えて、沖縄の〈ニライカナイ伝説〉にも通じる大きな世界観を描いているようだ。

ニライカナイは、遥か遠い東方の海の彼方にある異界で、そこから神が訪れて、土地に豊穣をもたらし、一年の終わりに再び帰っていくと言われている。

遠野は内陸部にあるが、東北地方の太平洋側、三陸海岸——岩手県なら三陸海岸のうち、真ん中の陸中海岸——とも往来がある要衝だった。旅人が遠野を訪れては語り落とす話は、ニライカナイに比喩される異界の置き土産だったと言える。

博物館を出る頃には、私はすっかり遠野の魅力に取り憑《つ》かれていた。

遠野には見所がいくつもあると思うが、私が最も強く惹かれていたのは、妖怪たちのゆかりの地だ。『遠野物語』には河童や天狗、座敷童や山姥《やまうば》などがたくさん登場する。〈カッパ淵〉をはじめとする妖しい名所を時間の許すかぎり見て回るのは、当初からの計画だった。計画を立てたのは父だから、私の嗜好は父にすっかり見抜かれていたのである。

博物館で手に入れた地図を見ながら、私たちは次に、太郎カッパが棲むという〈太郎淵〉を徒歩で目指した。

淵と言っても、二〇一七年（平成二十九年）現在は池になっている。遠野には猿ヶ石川という、北上川に通じる大きな川が流れていて、昔はこの辺りも猿ヶ石川に接続していたが、一九七七年（昭和五十二年）から始まった改修工事によって、次第に川と断ち切られ、池になってしまったのだそうだ。

晶文社　愛読者カード

お名前《ふりがな》　（　　歳）　ご職業

ご住所　〒

Eメールアドレス

お買上げの本の
書　　名

本書に関するご感想、今後の小社出版物についてのご希望などお聞かせください。

ホームページなどでご紹介させていただく場合があります。（諾・否）

お求めの書店名		ご購読新聞名	

お求めの動機	広告を見て（新聞・雑誌名）	書評を見て（新聞・雑誌名）	書店で実物を見て 晶文社ホームページ〃	その他

ご購読、およびアンケートのご協力ありがとうございます。今後の参考にさせていただきます。

郵　便　は　が　き

恐れ入りますが、52円切手をお貼りください

101-0051

東京都千代田区
神田神保町1-11

晶文社行

◇購入申込書◇

ご注文がある場合にのみご記入下さい。

■お近くの書店にご注文下さい。
■お近くに書店がない場合は、この申込書にて直接小社へお申込み下さい。
送料は代金引き換えで、1500円(税込)以上のお買い上げで一回230円になります。

宅配ですので、電話番号は必ずご記入下さい。
※1500円(税込)以下の場合は、送料530円(税込)がかかります。

(書名)	¥	(　　)部
(書名)	¥	(　　)部
(書名)	¥	(　　)部

ご氏名　　　㊞　TEL.

ご住所 〒

私と父が訪れたときは、まだ水が流れていたように思う。周辺も、今は整備されて人工的な公園になっているが、当時は遠野市の市役所が立てた太郎淵の由来を記した看板と男女の河童の石像ぐらいしか人工物がなく、川べりに雑草が繁っていた。

現在の遠野観光ガイドなどに載っている太郎淵の写真を見ると、水色の河童の像が池のほとりに座っているが、私たちが行ったときには、それもなかった。

『遠野物語』の第五十九話には、「遠野の河童は面の色赭《あか》きなり」と書かれていたが、ここの河童は水色でいいのだろうか……というようなことはさておいて、太郎カッパは好色な男の河童で、この淵に洗濯に来る女たちに悪さをしていたのだという。さらに下流の方にある女ヶ淵に住む女の河童に言い寄られていたそうである。

ユーモラスな伝説のようだが、『遠野物語』第五十五話の「川には河童多く住めり。猿が石川ことに多し」で始まる松崎村の河童の話は、川べりの家の女が二代続けて河童の子を生み、それを（たぶん家人が）切り刻んで一升樽《いっしょうだる》に入れて土の中に埋めていたという猟奇的な話なので、素直に笑えない気がした。

河童と人との混血の赤子は「その形きはめて醜怪なるもの」だったというが、切り刻むのはひどすぎるのではないか。と、そんなことを思っていたら、また父の解説が始まった。

「異類婚姻譚といって、人ではないモノと婚姻する伝説は中国にも多い。遠野地方には、昔から河童婿入りの説話が伝えられていたそうだ。日本全国の水辺に、カワコ、カワランべ、ガメ、エンコウ、カワシソウ、ミズシ、メドチなど名前や姿が少し異なるものの河童の伝承があって、だから河童は日本人にとって最もなじみ深い妖怪になっている。河童の素性は、ミズチと同じく水神で、田畑に水をもたらす。ミズチは蛇《へび》のような竜のような姿をしているとされて、元をたどれば中国の蛟竜だ。中国の説話文学『白蛇伝』は、上田秋成の『蛇性の淫』や、昔、香港の映画会社と東宝が共同で映画化した林房雄監督の『白夫人の妖術』の原案だから、日本でも有名だ……」

前日の宮沢賢治ゆかりの地巡りでその博覧強記ぶりは見せつけられていたので、もう驚かなかったが、黙って傾聴しているうちに、河童の解説が途中から蛇の話に化けてしまった。

父が話し止むと、私は訊ねた。

「日本の伝説は、みんな中国から来たの？」

「みんなということはないが」と父は答えた。「世界中の伝説は皆、類似点がある。偶然似ているだけだったら、何も面白くない。何か必然性があるから面白い」

「……面白いから研究するの？」

そんな幼稚な動機で学者が務まるのかと疑問に思ったのだが、父は「そうだ」と澄まして答えた。

「『遠野物語』の〈迷い家《が》〉は、グリム童話の『ヘンゼルとグレーテル』に似ている。中国にも、紀元前六世紀頃に書かれた『列仙伝』という説話集の中に似たような話がある。どうして似ているのかを突きとめられたら凄いことだ」

紀元前の中国へ突風で飛ばされたような感じがして、頭がくらくらした。

父の話を聞いていると、こういうことがよくあった。

その後、〈カッパ淵〉と常堅寺に向かった。途中でバスに乗ることが出来たのは幸いだった。遠野の見所は市内に広く散らばっていて、徒歩で見て回ろうと思ったら大変だ。最近は名所を回る観光専用のバスや貸し自転車屋があるというが、その頃の遠野はまだそれほど観光地化されておらず、そういう便利なものはなかった。

〈カッパ淵〉も、今では「遠野伝承園」という観光施設の中にあるらしい。〈カッパ淵〉が施設に移されたのではなく、常堅寺の境内を中心として、観光客向けの設備を造ったようだ。遠野伝承園にはカッパ淵の他に、国の重要文化財の旧菊池家住宅、佐々木喜善の記念館、千体オシラサマの御蚕神堂（オシラ堂）や、郷土料理のレストランもあるという。

しかし私と父が訪れたときには、室町時代に創建された曹洞宗《そうとうしゅう》の古刹《こせつ》にして遠野郷十二ヶ寺の触れ頭・常堅寺が山門を構えるのみで、あとは鬱蒼とした樹々と澄んだ小川があるばかり。

〈カッパ淵〉は寺の裏にあった。私たち以外には人気もなく、暑い盛りだったから、さらさらと浅瀬を流れる水の音が耳に爽やかだった。川岸に倒れ込みそうに斜めに生えた木の幹に手をついて、淵を眺めた。

「河童が出たら危ない。河童は力が強くて、馬を水の中に引き摺り込むそうだから」

『遠野物語』の第五十八話にそんな話があった。「ある日淵へ馬を冷やしに行き、馬曳きの子は外へ遊びに行きし間に、河童出でてその馬を引き込まんとし」たが、その河童はかえって厩舎まで馬に引き摺られてしまい、人に見つかっては困るので、引っくり返した餌箱（馬《ま》槽《ぶね》）の下に隠れる。しかし馬槽の下からはみ出た水かきのせいで見つかってしまって、今後はこの村の馬に悪戯《いたずら》をしないと約束させられる。無事に難を逃れた河童は村を去り、今は別の場所に棲んでいる——。

「日本全国に似たような〈河童駒引き〉の民話がある。水神に馬を奉納して集落の幸いを祈った、古い信仰の名残だと言われている。神様にしてはいささか人間くさいが、遠野には、もう悪さをしませんという詫び証文を書いた河童もいる。ここの河童は偉くて、常堅寺の火事を消して経文を守り、それから、狛犬に変化《へんげ》したそうだ」

「……じゃあ、ここにはもう河童はいないってこと？」

「一匹、二匹しか棲んでいなかったとは限らない」

はたして常堅寺には〈カッパ狛犬〉という頭の天辺に円い凹みがある石の狛犬があった。閻魔像など冥土の判官、十王様を納めた十王堂の前に置かれ、こびりついた地衣類のせいで白みがかった緑色のまだら模様になっていた。

本来、狛犬は、口を開けた阿形《あぎょう》で頭に角がない方が獅子で左側、口を閉じた吽形《うんぎょう》で角がある方が狛で右側なのだが、〈カッパ狛犬〉は、阿形と吽形、どちらも頭頂部に河童のお皿があった。

こういう河童のような凹みを頭に持つ狛犬は日本各地にあって、あまり珍しいものではないらしく、私は東京でも見たことがある。港区赤坂の氷川神社、渋谷区の鳩森八幡神社、台東区の浅草神社に、それぞれカッパ狛犬がいた。まだ他にもあるかもしれない。

常堅寺も『遠野物語』の第八十八話に登場し、それはこんな話だった。

――前々から大病をしている村の老人が常堅寺を訪れて、和尚と茶飲み話をする。やがて老人が帰ることになり、小僧に見送らせると、門を出たところ老人の姿が見えなくなり、お茶が畳にこぼしてあることに気がついた。老人はその日のうちに亡くなったというから、寺に来たのは魂だったのだろう――。

境内で、父と弁当を食べた。旅館で作ってもらった握り飯と漬物だけの質素な昼餉《ひるげ》だったが、たいへん美味しかった。同じく旅館で用意してもらった水筒の麦茶を分け合って飲み、父はまた、家にいるときと同じように寡黙になったな、と思った。

好きなことを語りだすと止まらなくなるくせに。

父は子供っぽい性格の人のようだ。

……このとき初めてそう気がつき、少し許してやろうと考えたのだった。

「このお漬物、ピリッと辛くて美味しいね」と話しかけると、父は面食らったような顔をしたあとで、「これは芭蕉菜という菜っ葉の漬物だろう」と話した。

「芭蕉菜は高菜と同じアブラナ科の野菜で、岩手県の特産物だ。芭蕉の葉のように葉が大きいことから、その名がついた。東北地方の保存食は多彩だ。冬の間ずっと雪に閉じ込められてしまうからだろう。岩手県では金婚漬という瓜の漬物も有名だ。……東京に戻る前に漬物を買って帰ろう」

私は「うん」と答えた。父は目をしばたたかせて、再び黙った。


私たちが遠野で行きそびれた場所はたくさんあって、たとえば姥捨て山伝説の土地である〈デンデラ野〉も、佐々木喜善の生家も、〈山口の水車〉も、男根を模した〈コンセイサマ〉も見ていない。

行けるかしらと思っていたのだが、道に迷って時間切れになってしまったのだ。

イタコの佐々木みなさんと午後三時に約束していた。佐々木さんを訪ねるのは父も初めてで、住所と地図だけが頼りだった。

〈デンデラ野〉や佐々木喜善の家は遠野市内でも東寄りにあったが、佐々木さんの住所を地図で確認したところ、どちらかと言えば西の方だった。名所巡りを断念して、徒歩と路線バスで佐々木さんの所を目指した。

「その住所で間違いないの？　そこに住んでるの？」

「うん。ご自宅だろう。会社などではないと思う。実は私にもよくわからない。イタコだということで学者仲間に紹介してもらったのだが。イタコと言っても、霊の口寄せをするわけではなく、遠野のそれは沖縄のユタに近いようだ。集落の中に住み、民間のシャーマンあるいは巫女として祭祀を司ったり予言をしたりして、近隣の人々から頼りにされてきた。〈おしらさま〉の祭日は〈命日〉と呼ばれる。遠野には、旧暦の一月十六日の〈命日〉になると、イタコかあるいはその家の本家の老婆が神棚から出したおしらさまを踊らせながら神寄せの祭文を唱えるという習慣があった。この儀式を土地の人は、おしらさまを遊ばせると表現していて、行事を指すときは〈オシラアソバセ〉などと言うそうだ。少女が参加することもあるから、元々は、ユタのように女性の集団で祀っていたのかもしれない」

「うちにある絵本の『おしらさま』とは、ずいぶん違う……」

「祭祀について書かれていないだけで、集落で口伝えされてきた説話は基本的に同じだよ。あの絵本は佐々木喜善の『聴耳草子』に収録されている『オシラサマ』が元になっている。また、絵本の著者の菊池敬一は岩手県出身だ。伝説も知っていただろうし、大正生まれの人だから、儀式も見たことがあるんじゃないかな。最近ではちゃんとやる家は少なくなってしまったそうだが、昔はあたりまえの習慣とされていた行事だったという話だから」

ちなみに、このとき父と私が話題にしていた絵本というのは一九七六年に小峰書店という出版社から発売された版だった。私の実家にもまだあるようだが、インターネットで検索してみたところ今でも売られていることが確認できた。

佐々木喜善が『聴耳草子』で書いた〈オシラサマ〉と、柳田國男の『遠野物語』の第六十九話で語られるそれとは話の最後のところが違っていて、後者では娘が天に昇っていって終わるのに対し、前者では、その後日談まで語られる。

イタコの佐々木みなさんが語る〈おしらさま〉はどうなのだろう、と、そのとき思った。


佐々木さんの家のすぐ近くまで来て、私たちはまた迷子になった。

番地だけで簡単にたどり着けると思っていた父の考えが甘かった。家と家の距離が離れているうえ、番地を記した電柱や看板も見つけづらかったのだ。

おまけに、その辺りには、やけに「佐々木さん」が多かった。地域の住人ふうの通りすがりの人に、父が「この近くで、佐々木さんのお宅をご存知ありませんか？」と訊ねたところ、この辺りの家はあっちもこっちも佐々木さんであって、かく言う自分も佐々木であるという答えが返ってきた。そして確かに、家々に掛かっている表札は「佐々木」ばかりなのだった。

「では、イタコの佐々木みなさんは？」と訊いても一人目の通行人は知らなかった。

幸い、次に出逢った人がたまたま佐々木みなさんと顔見知りだったので目的地を探し当てることが出来た。が、この二人目の通行人に会うまで、たっぷり十分は彷徨ってしまった。家もまばらだが、歩いている人も少なかったのだ。

父は、私に対する言い訳のつもりかもしれないが、「東京とは勝手が違うな。しかし中国の奥地よりマシだ」と頓珍漢なことを言っていた。

約束の午後三時に三分ぐらい遅刻して到着してみれば、そこは建坪が二〇坪あるかなきかの小さな平屋の木造住宅で、一見して佐々木みなさんのご自宅だとわかった。

軒下に、婦人物の肌着と旅館の寝間着のような素朴な浴衣が干してあったのだ。高齢の女性の独り暮らしなのではないかと思ったら、果たしてその通りだった。

玄関に出迎えてくれた佐々木みなさんは、独りでこの家に暮らしていた。年齢は八〇歳ぐらい。「ぐらい」というのは、佐々木さん自身もよくわからないからだ。

戸籍謄本に記された年齢はあるにはあるが、長じてから役所にせっつかれて仕方なく届け出たもので、正確とは言えないそうだ。二親を知らず、学校に通ったことはないという。

ここに暮らす人は佐々木さんだけだったが、彼女は猫を一匹、飼っていらした。年取って毛が薄くなった白い猫で、片方の目玉が無かった。

猫だけでなく、佐々木さんも隻眼だった。

柳田國男に師事した宗教学者の堀一郎の著作『我が国民間信仰史の研究 1 序編・伝承説話編』によれば、かつて東北では盲目や弱視の女の子は、イタコの家に米と燃料の炭を持参して住み込みで修行した。

一年から五年ほどかけて、〈オシラ祭文〉などイタコに必要な知識を習い、いくつかの通過儀礼を受けたのち、一週間神社に籠ると、一人前のイタコとして仕事を請け負うことが出来たのだという。

佐々木さんは、残る片一方の目も視力は弱いようだが、日常生活に不自由はなさそうだった。渋い縞柄の単衣の着物と黒っぽいモンペを着て、足袋を履ていた。

まるで目が見えているかのように、私たちのために、座布団を出したり、お茶を淹れたりしてくれた。また、到着してから五分しないうちに隣家の女性が、佐々木さんを気遣って訪ねてきて、私たちと対面して安心してから帰っていかれた。

「ほにばんきりおもさげね（本当に毎度ありがとうございます）」と佐々木さんはお隣さんを玄関まで送り、戻ってくると、正座して、父の方に向かってあらためて頭を下げた。

その後、父は持参した菓子折と謝礼の入った茶封筒を出して、あらためて佐々木さんに〈おしらさま〉の説話や、その祭祀について語ってくれるようにと丁寧にお願いした。

父は、手紙と電話で依頼済みだったが、佐々木さんがお年寄りなこと、目が不自由なことから不安を感じたようだった。

すると、佐々木さんは、さっきの女性に読んでもらったから手紙の内容は理解していると答えた。「あんつごとねずぅ」と彼女は言った。心配するなという意味だった。

……彼女の話し言葉は、ところどころ非常にわかりづらかったことを白状しないわけにはいかない。

遠野の方言で語られた〈オシラサマ〉の伝説は、あらかじめ『遠野物語』や絵本で読んで物語が頭に入っていたので問題なかったが、その他のところを理解するのが容易でなかった。

父は小型のテープレコーダーを佐々木さんの前に置いてスイッチを押し、メモの準備をした。私もノートと筆記用具を出した。

――網戸になった窓から、午後の光が斜めに差しこんでいた。家の一番奥にある六畳ぐらいの部屋で、よく整理整頓され、掃除が行き届いていた。しばらくすると片目の猫が私の膝に乗ってきて、喉を鳴らしながら開いている方の目も閉じた。家に入ったときからずっと日向に干した布団の匂いがすると思っていたが、この猫の匂いだったのだと気がついた。

正座していた足をこっそり崩すと、佐々木さんが、私の小さなしぐさなど見えてはいないと思うのに、こちらを向いて微笑を浮かべた。

そして彼女は〈おしらさま〉を語りはじめた。

「むかす、あったずもな……（昔あったことですよ）」

「今の土淵村には大同という家二軒あり。山口の大同は当主を大洞万之丞という。この人の養母名はおひで、八十を超えて今も達者なり。佐々木氏の祖母の姉なり。魔法に長じたり。

（略）昨年の旧暦正月十五日に、この老女の語りしには、昔あるところに貧しき百姓あり。妻はなくて美しき娘あり。また一匹の馬を養う。娘この馬を愛して夜になれば厩舎に行きて寝ね、ついに馬と夫婦になれり。或る夜父はこの事を知りて、その次の日に娘には知らせず、馬を連れ出して桑の木につり下げて殺したり。その夜娘は馬のおらぬより父に尋ねてこの事を知り、驚き悲しみて桑の木の下に行き、死したる馬の首に縋りて泣きいたりしを、父はこれを悪みて斧をもって後より馬の首を切り落せしに、たちまち娘はその首に乗りたるまま天に昇り去れり。オシラサマというはこの時より成りたる神なり。（略）」

――柳田國男『遠野物語』第六十九話より（原文ママ）

柳田國男版の〈オシラサマ〉は、父親が馬を殺して吊るした桑の木の枝で神像を作ったところで、ほぼお終いになる。それに対して、佐々木みなさんが語ってくれたのは、その後日談のある佐々木喜善版に近かった。

佐々木さんの話では、百姓の妻は死んでおらず、娘が馬と夫婦になりたいと話したため、激怒した父親が馬を桑の木に縛りつけて、生きたまま皮を剝いで殺してしまう。

娘が空に昇るところは、柳田國男版と同一だが、その後、三日三晩、泣き暮らした両親の夢枕に娘が立って、親不孝をした償いに養蚕《ようさん》の技術を教えるのだ。

遠野の言葉で語られる伝説は、その後のテープ起こしが大変だったが、土の匂いがし、人肌のぬくもりがあった。

「……おれぁ、悪りい星のもとさ生まれたために親孝行もしねで天さ来てすまったから、なんじょにか許してけろぉ。そのけえり、来年の三月十六日の朝ま、土間の臼の中見てけろぉ」

といった話し言葉の迫力に私は圧倒され、物語の世界に引き込まれた。

「おしらさまつぅものぁ養蚕の神さまでもあれば目の神さまでもあれば、おなごの病気の神さまでもあれば、また、おしらさまのある家さ、良えことあればある、悪ことあればあるってお知らせする、お知らせの神さまでもあるんだとさ。……どんとはれ」

父によれば、中国には〈蚕馬〉といって、馬の皮と一体となった娘が此の世に絹をもたらしたという伝説が複数あるという。そのうち最も古い文献は紀元三一七年から四二〇年頃の東晋王朝の頃に書かれた『捜神記』に収録されている、こんな話だ。

――父親が戦に行って留守の間に馬が娘に惚れてしまい、帰ってきた父親が怪しんで馬を殺して皮を剥ぐ。するとその皮が娘に襲いかかって家から連れ去り、数日後、父親が見つけたときには、娘は馬の皮と合体して木の枝の間で糸を吐いていた。そのため、その木は「喪(ソウ)」と発音が同じ「桑」と名づけられた――。

佐々木みなさんの話からは、昔のいつか、遠野で実際にあった出来事のような印象を受けたのに、どうやら本当は中国から渡ってきた伝説だということに、当時の私は割り切れなさを感じたものだ。佐々木さんは生まれ育った土地に伝わる昔話だと信じていらっしゃるだろうと思うと、父はなんと心無いことを言うのか、と、少し腹が立った。

けれども今は、海を渡って土地に根を張る物語の力、また、それを生み出して一〇〇〇年以上も語り継ぐ人間の力に心の底から感動する。

佐々木さんの話からは、蚕の神というより、眼病と婦人科の病気の神様として信仰されてきたような印象を受けた。土地に合わせて変容したのだろうか。興味深いことだ。

それから私たちは神棚にしまってあった〈おしらさま〉のご神体を見せてもらい、〈オシラアソバセ〉の儀式を佐々木さんに再現してもらった。

ご神体は、三〇センチあるかないかの桑の木の棒と、長さ二〇センチ程度の何枚かの布で作られ、二体で一対になっていた。

布の色は赤や青、柄物も使われていて、全体に、カラフルで大きな「てるてる坊主」といった体である。ポンチョを重ね着したようになったてっぺんから頭が飛び出し、一方には目を閉じた馬の頭が、もう一方には娘の頭が彫りつけられていた。

工芸品のような精緻なところはなく、私でもこの程度のものなら小一時間で作れそうだとひそかに思った。それぐらい素朴だったが、年季が入って頭が黒光りしており、そこはかとなく不気味でもあった。

この、佐々木さんが所有していたご神体は「貫頭型」だったが、他に頭まで布に包まれた「包頭型」というのがあり、岩手県北部や青森県には後者の方が圧倒的に多いとのことだ。ご神体に着せてある布は〈オセンダク〉と呼ばれ、毎年一月十六日になると新しいものを着せるそうだ。〈オシラアソバセ〉も、このとき行う。

佐々木さんは両手にご神体を持って振り、舞わせながら、祭文を唱えた。何を言っているのか私には全然わからなかったが、歌うような節回しが快かった。

祭文を唱え終えると、佐々木さんはご神体を持ったまま近づいてきて、私の頭から目の辺りの、肌につかないギリギリのところをかすめつつ、二体のご神体の頭の部分で小さく輪を描くしぐさを二、三度、繰り返した。


その夜は一〇時頃までテープ起こしに励み、祭文の部分はお手上げだったものの、〈おしらさま〉の説話のところはなんとか書き上げることが出来た。

父も何かノートに書きつけていた。父は万年筆を愛用しており、運筆が非常に速い。凄いスピードで文章を綴りながら、唐突に話しはじめた。

「話の筋が似ているだけでは推測に過ぎない。中国古代と日本の東北地方の間の長い時空のはざまを想像だけで埋めるのか。空白を埋めるための傍証が、きっと何かある。〈おしらさま〉

は女性の祭祀だ。養蚕と機織りは女性の仕事だった。男はいったい何をしていたんだ……」
この疑問を解消するため、後年、父は何度となく遠野市をはじめ、東北地方の各所に足を運ぶことになった。そして翌年からのフランス留学を経て、六年後の一九八六年、第四回日仏学術シンポジウムで登壇し、そこで『東方朔置文についての考察　近代日本に伝存せる古代中国の民間信仰の一例』という論考を発表する。
同論考の内容を父自身が解説したものが、『日仏東洋学会通信　第五号』に掲載されていた。一部を抜粋する。

私が「東方朔置文」と出会ったのは「おしら神」研究の実地踏査の目的で遠野市を訪れていた折であった。

「東方朔置文」の場合は、その文書の内容が、そもそも説話ではなくて、農耕のための占いのことに他ならないのだから（略）古代中国から順次時代を下り、国境を越えて近代日本の東北地方にまで伝えられたことが確認できれば（略）農耕行事の一環としてこの書物を利用することが東方朔の信仰と結びつきつつ伝えられたという事実を見たことになる。

東方朔は中国の仙人で、日本では中世以来、この仙人を讃える謡曲が作られるほど人気があり、江戸時代には東方朔の名を表題に掲げた庶民のための占いの本が登場した。

父は八〇年代前半のフィールドワークで、遠野界隈の古い農家に残っていた『東方朔置文』の写本と、そこに書かれた農耕に関する予言にまつわる村落の習慣を見出し、さらにその写本を普及させたことに山伏が関わっていたことを突きとめたようだ。

女には養蚕と機織りと〈おしらさま〉。男には農耕と『東方朔置文』の予言。

古代の中国には『東方朔撰』や『東方朔占』という、遠野の『東方朔置文』と同じ内容の予言の書があり、これが〈おしらさま〉の原型と共に日本に伝来したのだ――というのが、私との遠野紀行に端を発して、父が立てた学説だった。


翌日は宿替えをした。午前一〇時頃に花巻市を発って盛岡市に移動し、同市内の旅館に荷物を置かせてもらった。

盛岡駅から路線バスで一〇分ぐらいの天神町というところにある老舗旅館で、座敷童がいる宿として有名なのだそうだ。このとき、私が同行を承諾するより何か月も前に父が宿泊予約を入れていたと知って、思わず苦笑いしてしまった。

「座敷童、見れるかなぁ?」と父に話しかけると、父は大真面目な顔で、

「とりあえず、出ると評判の部屋を取った。いるというのが本当なら、三〇〇年モノの座敷

童だ。江戸時代から本陣だったそうだから」と言った。

「横溝正史の『本陣殺人事件』の本陣みたいな？」

「……まあ、そうだ。本陣があるような街道筋ではないから、その分家筋なのかもしれない。旅館業の一族の末裔なんだろう。この家の先々代（二〇一七年現在では先々々代）は柳田國男や佐々木喜善と交流があったそうだ。柳田國男たちは『岩手県紫波郡昔話集』という説話集を『遠野物語』より前に編纂している。先々代は『岩手県紫波郡昔話集』に座敷童の話を提供したというが、私はその本は読んだことがない。だからこれ以上は語れない」

「……珍しいこともあるもんだ」

「何が珍しい？」

「ううん。なんでもない」

父にも知らないことがあって当然なのだった。

この日の昼に入った盛岡駅近くの繁華街の大衆食堂では、有線放送で最近流行りの歌謡曲を流していた。父は歌謡曲を全然知らなかった。

「今かかってるの、久保田早紀の『異邦人』だよ。この歌、大好き」

「途中で変調するから歌うのは難しそうだが、上手だね。声もいい」

「プロの歌手なんだから、上手なのはあたりまえでしょう？」

「そうでもない。さっきまで流れていたのはひどかった。だみ声で。くり返しばかり」

「もんた&ブラザーズの『ダンシング・オールナイト』のこと？　カッコいいじゃん！」

大衆食堂を出ると、道を歩きながら、父は鼻歌をうたいだした。

「白鷺はぁ、小首かしげて水のなかぁ……」

「何それ？」

「歌う映画スター・高田浩吉の『白鷺三味線』だ。知らないのか？」

おかしな逆襲をされてしまったと思った。父は音痴だった。


昼食後、〈曲り家〉へ行った。盛岡市内にあり、当時は母方の遠縁の一家が暮らしていた。正確には〈南部曲り家〉と呼ばれる様式の建物だということだった。

南部曲り家は、かつては、岩手県北上市から青森県下北半島にあった旧盛岡藩領の岩手県部分の全域に存在していた。ことに、盛岡市周辺や遠野盆地には多く見られたという。

現在は、郷土資料として県立公園や観光施設の中で保存されているものが大半で、民間にある家は大幅にリフォームされてしまって原型を留めていない場合がほとんどのようだ。

一九八〇年当時も、そこで人々が暮らしつつ保存状態も良い曲り家は珍しかった。今はどうなっているのかわからない。不確かだが、手放したという話も漏れ伝わってきている。

私たちが訪問したとき、一家は兼業農家ではあったが、畜産は何十年も前にやめていて、当然のこと、馬は飼っていなかった。

曲り家の特徴は、母屋と厩舎《うまや》が一体となっていることと、その名が示すようにL字型に曲がった構造だ。東側の凸部に台所があり、南側の凸部に厩舎があるのが一般的で、屋根は茅葺と決まっている。

厩舎の屋根に破風《はふ》があり、囲炉裏やかまどで火を焚くと、そこから煙が排出されるうえ、屋根裏部屋に蓄えた乾し草を乾燥させることが出来た。

昔は馬がいた厩舎の部分は、土間のままで、三脚や台車、芝刈り機、灯油の缶などが置かれていた。昨日聞いた〈おしらさま〉のストーリーを思い出しながら、ここにいる馬と恋に堕ちることを想像しようとしたが……。

呆然と破風のあたりを眺めていると、「馬の人形でも置いとけばいがったね？」と、その家の女性に笑顔で話しかけられて、思わず苦笑いしてしまった。

彼女は「まずねえ（確かにそうだよね）」と私に同情してくれて、たまに見学者が訪れるのだが、だいたいみんな落胆してしまうのだと話した。

しかし、囲炉裏の火に南部鉄瓶をかけて沸かした湯でお茶を淹れてもらうと、がっかりした気分がたちまち回復するのを感じた。

さっきの女性とその夫と、夫婦のどちらかの老いた父親と、囲炉裏を囲んだ。夫婦は五〇代くらいで、私の父に見せるために家系図を用意していた。学者さんに見てもらおうと思って、と言っていた。

私は黙って、父と彼らのやりとりを聞きながら、気がついたことをノートに書きつけていた。一家の暮らしぶりは悪くなさそうで、自分の家にあるのより二回りも大型の最新式のテレビが室内にあった。それで、ここにも座敷童がいるんじゃないかしらと思ったりした。

夕方になり、座敷童が出る旅館に戻った。父が予約していた二階の部屋に通されて、宿のご主人から、ここに伝わる座敷童の逸話を聞いた。

本陣だった本家があった村には、昔から火の神様が祀られていた。江戸時代に大火事があったとき、本陣だけはこの火の神様のお陰で燃えずに済んだ。火の神様は座敷童でもあって、これがその家の娘が嫁入りすると、一緒についてきて時折現れるようになった——。

と、こういう話だった。火の神でもあり、座敷童でもあるという話を聞くのは初めてで、とても新鮮に感じた。『遠野物語』にはそういうことは書かれていなかった。座敷童は、第十七話と第十八話に登場する。第十七話では男の子、第十八話では〈童女の神二人〉〈見慣れざる二人のよき娘〉と、その姿が描写されている。

見目の良い双子のような少女たちが「物思わしき様子にて此方へ来たる。お前たちはどこから来たと問えば、おら山口の孫左衛門がところからきたと答う」のだ。そしてその語り手は座敷童に出ていかれた家について「孫左衛門が世も末だな」と思い、案の定、孫左衛門の一家は滅びてしまうのである。

一方、第十七話の方では、「この神は多くは十二三ばかりの童児なり」「これは正しく男の児なり」とされ、高等女学校に通っている娘は姿を見たけれど、他の家人は物音や気配を感じるばかりで姿を見ない。そして、末尾は「この神の宿りたもう家は富貴自在なりということなり」と結ばれて、誰も不幸にならない。

はたして、この旅館に棲む座敷童は男の子なのか女の子なのかと、わくわくしていたが、部屋で待ち構えていても一向に何も出ない。

部屋の隅の方に縫いぐるみや人形がたくさん置かれていて、なんとなく不気味ではあるし、宿の主人は、この部屋ではときどき座敷童が走り回る足音が聞こえるのだと言っていた。期待は高まるが、やがて夜も更けた。

明日は東京の自宅へ帰る。盛岡駅から上野駅まで、東北本線の特急で約六時間半。明るいうちに帰りたければ、昼より前に発たなければならない。しかも宿には一泊二食で予約をしていたから、出発前に朝食も食べなくてはならず、早起きしないわけにはいかなかった。

深夜一一時頃になり、あきらめて布団の中に入った。

いつのまにか眠っていたようだが、怪しい物音に目を覚まされた。

ガサゴソと山になった紙の束を引っかき回すような音がしている。と、思えば、今度は何者かが畳をミシリミシリと鳴らして歩いた。

目を開けると、常夜灯——昔は必ず天井から吊るす照明具に付属していた豆電球——が点いていて、ダイダイ色に仄明るい。枕のうえで頭を巡らせて、おっかなびっくり周囲を見回してみた。

布団を敷くために部屋の端に寄せた卓袱台のあたりに、黒い影がうずくまっていた。

床に就く前に、明日の朝すぐ出発できるように、卓袱台の上に父の鞄と私のリュックサックを載せておいたことを私は思い出した。座敷童か、泥棒か、それとも……。

「パパ？」

「あ、起こしちゃったか。ごめん、ごめん」

妖しい影は父だった。いったんは布団に入ったのだが、何か急に閃いて、忘れないうちにメモしておこうと思ったのだそうだ。

「起こしてはいけないと思って電気を点けなかった。しかし目を覚ましてしまったのなら、少しの間、明るくしてもいいだろう」

そう言って、父は天井の照明具から垂れ下がった紐を引っ張った。

……蛍光管の一瞬の明滅のあと、室内が電気の光で満たされるまでのほんの刹那に、私よりもいくつか年下に見える少女の影が父の後ろを横切るのが見えた。

しかし、あっという間に部屋の壁に吸い込まれて消えてしまい、声を出す暇もなかった。

おかっぱ頭と赤い着物がかろうじて判別できたくらいで、顔もわからなかった。

――この旅行で体験したことは、誰に話す機会もなく、私の心の奥深くに長い間、沈潜していた。

父は、自分の研究に付き合わせることで私が勉学への意欲を取り戻すのではないかと思っていたのかもしれないが、そうはならなかった。父との仲も、多少は修復したものの、現在に至るまでずっとギクシャクしたままである。

私は父の期待を裏切り、好き勝手に生きた。二五、六から商業誌に物を書くようになったが、途中でアダルトビデオの世界に寄り道して、本腰を入れて書きはじめたのは四〇をだいぶ過ぎてからだった。しかも初めて出した単著は官能小説で、作家デビューから怪談的な読み物を書くようになるまでに、さらに数年を要した。

けれども、私の胸の裡にはあれ以来、宮沢賢治の幽霊（ヤマナメクジ）が、河童が、隻眼の老イタコが、座敷童が、その他の妖しい者たちも引き寄せて、ひしめきあって棲みついていたようだ。

時空を超えて奇譚を渉猟することを、父は学問の世界で行った。

私は読み物の中で、現在そこに在る怪異の源を探るために、気づけば父と似たようなことをしている。

実は、あの旅行中、私は何度か父のことを「探偵みたいだ」と思ったのだった。横溝正史の小説に出てくる金田一耕助は、ほら、よく旅をしている。父が探偵なら、私は、江戸川乱歩の明智小五郎の助手、小林少年の役を務めることになる——。

子供時代の最後の尻尾の部分で、私は父とする旅を思い切り楽しんでいたのである（表向きはつまらなそうな顔をしながら）。

その後、地獄巡りじみた大人の世界を周遊し、三七年もの時を経て、今再び童心に返っている。

奇譚探偵、始めました。あやかしの旅へ、いざ。

○二　廃墟半島にて

伊豆半島は本州南東部に位置し、「花と海と出湯《いでゆ》の街」が謳《うた》い文句の伊東をはじめ、温暖な気候と豊富に湧く温泉で知られている。

が、その一方で、廃棄された無人建造物が多い地域でもあり、近年は廃墟マニアの間で〈廃墟半島〉〈廃墟王国〉と称される土地でもある。

古来、「伊豆国」として東海道の一国を成していた伊豆地方は、第二次世界大戦前から保養地として人気が高く、戦後の高度成長期に花開き、その栄華は一九八〇年代後半から九一、二年頃にかけてのバブル景気の時代に最高潮に達した。

転機は、その後のバブル崩壊だった。

バブリーな好景気のときに計画、建設された観光ホテル、リゾートマンション、贅沢な公園をはじめとする公共のあるいは民間主導の様々なインフラ。それらが、計画の頓挫、資金繰り悪化による倒産などによって、雪崩を打つように次々と打ち捨てられることになった。

私は、ある廃墟の前でロケバスから降ろされた。

一九九九年（平成十一年）の夏の終わりのことだ。

スタッフや出演者総勢一〇名ばかりでロケバスに乗り込み早朝東京を発ち、伊豆半島に行ったのだった。

今日は伊東の廃墟や屋外で撮影し、夜は熱海のホテルに泊まり、明日、帰京する。

そんな予定を聞かされていた。

いつものように、私は、撮影現場では相当、閑《ひま》になる公算が高かった。

なにしろ、三一歳の新人ＡＶ女優である。引退すべき年頃でデビューしたのは、如何にも無理があった。

売れるわけもなく、当時まだ本業だったライターの仕事の方が忙しかった。ＡＶの方からたまにお呼びがかかることがあっても、主役を任じられることは非常にまれで、脇役とすら呼べるかどうか微妙な端役中の端役を務めてばかりいたのだ。

案の定、目的地に到着したときは午前一〇時にもなっていなかったが、私の出番はお昼頃になると制作スタッフから聞かされていた。

私の他にも二人の女優が出演していた。彼女たちのダブル主演作であり、私は出ても出なくてもいいような、埋め草的な役どころなのだった。

バスの中で休んでいてもいいと言われ、はじめは持参した文庫本を開き大人しくしていたが、やがて、窓の外が気になりだした。

すぐ近くに廃墟がある。

ああいうものを見る機会は滅多にないと思ったら、もう我慢が出来なかった。

そこで、バスに戻ってきたスタッフを呼びとめて、「声が届く範囲でなら」という条件付きで、廃墟周辺を散策する許可をもらった。

ロケバスから降りると、真夏のような強い陽射しが照りつけてきた。数十メートル先に、白茶けた灰色のコンクリートの塊《かたまり》がそびえている。

三階、ないし四階まで出来たところで工事が中断したのだろうか。建物の上に剝き出しの鉄骨が針山の針のように突き出して、どれも赤く錆びている。

基礎部が広いせいか、高さ以上に巨大に見える。

ホテルにしては単調な四角い形。学校や病院のようでもあるが、住宅地から遠く、海を望むロケーションから察するに、リゾートマンションにでもするつもりだったのだろう。

外装に至る前に建設が中止され、何年間もそのまま放置されているようだ。

近づこうとすると、トランシーバーを持ったアシスタントディレクターが険しい表情で駆け寄ってきた。

「ああ、なんだ。川奈さんか。行っていいですよ」

私だとわかると行かせてくれた。

察するに、ゲリラ撮影なのだろう。つまり、どこにも許可を取らずに撮影している。

今では取り締りも厳しくなり、大方のAV屋はそんなことはしないが、二〇〇〇年前後ぐらいまで、AV業界ではゲリラ撮影が珍しくなかった。

携帯電話はすでに存在したが、田舎へ行くと無線機の方が強かった当時だ。何人かのADにトランシーバーを持たせて、撮影現場の周辺のそこここに立たせ、見張らせるわけである。近隣住民や警察が接近してきたら全員に知らせて、大急ぎで一時撤収する手はずで。

そんなわけだから、先刻注意もされたが、あらためて、遠くには行けないなと思った。

もっとも、あの廃墟に関心があるだけなので、別段困らない。

建物の中に入っても構わないかとADに訊くと、物音を立てなければいいという答えが返ってきた。

「あっちの端の方で」と彼は廃墟の方を向いて、建物の左端を指差した。「撮影してるんですよ。だからあっちに近づかなければ大丈夫です……けど……」

彼は言葉を濁し、視線を私に戻した。

「怖くないんですか？　僕は、あの建物が妙に怖くて、見るのもいやなんですけど。川奈さんは大丈夫ですか？」

私は平気だと答えた。ＡＤは「そうですか」と肩を落とした。

「きっと僕が臆病すぎるだけですね。さっきも監督に叱られちゃったんですよ。建物の中に入ったとき、背が高い男がフラフラしながらこっちを見てたからそう言ったら、誰もいないじゃないか、バカなこと言うなって」

——背の高い男がフラフラしながらこっちを見ていた？

なんだか、わけのわからない話だ。首をひねりつつ廃墟に足を踏み入れた。

どこからか、潮の香を含んだ風が吹き込んできた。

なにしろ窓も嵌《は》まっていないのだ。

階段、あるいは吹き抜け、はたまたダクトを取り付けるはずだったのか、天井のところどころに大小の穴が開いている。まるで、コンクリートで出来た骸骨のようだ。

海側に開いた巨大な矩形の穴から下を覗き込むと、草木に覆われた崖のような急斜面があり、下は海だった。そして、私がいる地上階の下にも建物が続いていることがわかった。

傾斜地を利用した地上側は低く、海側は階層を重ねた建物を造るはずだったのだろう。

「全室オーシャンビュー」。そんなキャッチフレーズが頭に浮かび、この廃墟の本来あるべき姿を想像した。

その途端、眼下にある蔦だらけの樹木に花束が引っ掛かっていることに気がついた。

事故が多発する道路沿いなどで見かける、地味な、そして不吉な感じのする花束だ。

私は後ずさりして穴から離れた。

花は枯れてはいたが、原形をとどめていた。

そう遠くない過去に捨てられた……あるいは、供えられた？

気配を感じて振り向くと、さきほどのＡＤが建物の中に入ってくるところだった。

彼は小声で囁《ささや》いた。

「見つけちゃいましたね。でも、そこだけじゃないんですよ。他の場所にも花束が……。ここは自殺するにはもってこいの場所ですよね。本当は立ち入り禁止だから、誰も入って来ないし、眺めもいいし……」

花束があるからといって、それが死者の証とは限らないではないか。

前にもゲリラ撮影した連中がいるのかもしれない。

撮影が済んだとき、ＡＶ女優に花束を渡すのも、そのせっかくもらった花束をＡＶ女優が邪魔になるからとこっそり捨てていくのも、よくある話だ。

——と、思ってはみても、いったん気味が悪いと思ってしまうと、ちょっとした物音や影がすべて怪しく感じられてきてしまうものだ。

さて、件《くだん》のＡＤは、私を呼びにきたのだった。「ロケバスでメイクさんが呼んでます」と言う。

そこで、これ幸いと建物を出た。

ろくすっぽ探検しないうちに冷や水を浴びせられたような気分になったことは残念だった

が、思っていたより早く出番が来そうなのは幸いだ。

昼頃と言っていたのに、と思っていたら、考えていたことが顔に出ていたようで、訊きもせぬのにＡＤが説明してくれた。

「前のシーンの子がお腹が痛くなってしまったので、少し休んでもらうことにしたんですよ。朝は元気だったのに、急に……。彼女も、ここが怖いと言ってましたよ。なんか、壁に映った影が揺れているとか言って……」

ロケバスに戻る途中、廃墟を振り返ると、さっき私が外を見ていた矩形の大穴が出入り口を透かして見え、その前に背の高い人影があった。

逆光で漆黒のシルエットになっており、目鼻も服装も見えないながらも、ズボンを穿《は》いた男性のようだということはわかる。

――フラフラと。

――影が揺れている。

黒いシルエットは、止まる寸前の振り子のように、かすかに揺れていた。

身長が高いというか、喉首がやけに細長い。

一〇〇メートルも離れていなかったと思う。私は立ち止まり、向き直り、目を細めて、その姿をじっと見つめた。

すると、ロケバスの方に行きかけていたＡＤが私を呼んだ。

「どうしました？　早くした方がいいですよ」

ロケバスの中でメイク係にこの話をした。ＡＤはまたどこかへ行ってしまい、私はすぐにメイクを直してもらいはじめたのだった。気のせいだとメイク係は言った。

「何にもありゃしませんよ」

「でも、見てごらんよ」

しつこく促すと、メイク係は大儀そうに腰をあげて、廃墟寄りの車窓に近寄った。私もそちらに移動して、隣に並び、あの辺りへ目をやった。

例のシルエットは、まだ同じ位置で揺らめいていた。

「ほら。あそこに背が高い人が……」

私が言い終わらないうちに、メイク係は無言でカーテンを閉めた。

そしてメイク直しをしていた元の場所に私を引っ張っていき、肩を摑んでシートに座らせた。真正面から私の顔を覗き込む。

その表情が尋常でない緊張に囚《とら》われていて、恐ろしかった。

「川奈さんは視力いくつ？」

「〇・一。だけど今はコンタクトレンズを入れてるから〇・七ぐらい？」

「私は凄く目が良くて、裸眼で二・〇なの。それで、さっきのもよく見えたんだけど、あれ、背が高いんじゃなくて……あれは首吊ってるから！」

首を吊ると、頸部が長く伸びてしまうのだという。

ふらついているのではなく、風に揺れていたのだ。

――首吊り死体が、そこに。

そんな馬鹿な。私は笑い飛ばした。

「だって入ったとき、死体なんかなかったわよ！　本当に人が立ってるんじゃなきゃ、何かの見間違いでしょ。木か鉄骨の影が、そんなふうに見えてるんじゃない？」

メイク係は何か言いかけて思いとどまり、肩をすくめて、ぎこちなく笑顔を作った。

「そうだよね。みんな、あの中で撮影してるんだもんね」

「うん。死体なわけないじゃん。しかもあんな目立つ所にあるわけない」

「……昨日から私、怖いなぁ怖いなぁってずっと思ってた。だから首吊り死体に見えちゃったのかもしれない」

メイク係によると、今日泊まる熱海のホテルがある錦ヶ浦という場所は、自殺の名所なのだそうだ。昨夜、彼女はそれを同棲している相方から聞かされ、以来、ずっと怖がっていたらしい。

「五〇〇人以上死んでる有名な心霊スポットだっていうのよ」

「それって、みんなも知ってるのかしら。さっきのＡＤさんも？」

メイク係はうなずいた。

「知ってると思うよ。テレビでやってたそうだから。……あっ、私、今朝、あの子にこの話をしちゃったんだった。まずかったかなぁ？　神経の細そうな子だから、それでお腹が痛くなっちゃったのかしら。あのＡＤさんも怖がらせるようなこと言ってたし……」

あの日、いったい何人が首吊り死体あるいは背が高い男のシルエットを目撃したのかはわからない。

廃墟の汚い床に、スタッフの誰かが担いできたマットレスを敷いたものが私のいわばステージで、すぐそこで男優と絡んだ。

ビデオカメラが回り出す前、男優は嘆息して、監督に訴えた。

「無理ですよ。すぐそこで誰かが首吊り自殺したわけでしょ？　俺、幽霊とかマジで苦手なんですよ。萎えちゃって、出来ませんって」

疑似でもいいという監督の許しが出て、男優と私は台詞だけは緊迫感があるが、実際はマット運動に近い何かを三〇分ばかりやって汗だくになった。

しかし、シャワーもない。

それどころか、外のどこかで見張りをしていたスタッフから撮影現場に無線が飛び込んできた。

「撤収だ。海側から誰か上がってくるらしい」

「あんな崖、上がってこれるんですか？　それって人間じゃないんじゃないの？」
「上がってくるのが見えたって言うんだから上がってくるんだろう！　撤収、撤収！」
——首吊りの次は投身自殺かよ、と、誰かがボヤいた。

ちなみに、この廃墟は、廃墟愛好家の間で〈軍艦マンション〉という渾名《あだな》で呼ばれ、私たちがゲリラ撮影に参じていた前後には容易に侵入できたようで、インターネットで多数、写真が公開されている。

今回、この稿を起こすにあたって調べたところ、建設が中止されたのは一九九三年のことだそうだ。建設当時の正式な建物名や当時のマンションの利権主(故人。二〇〇五年に逝去)の氏名も判明したが、ここには記さない。

というのも、現在、あらたな施主のもとで解体・建て替え工事の計画が進行中なのだ。そのため、今では関係者以外は敷地に入ることが出来ないようになっている。

私は、〈軍艦マンション〉については、誰にも妨げられることなくすみやかに新しい建物に生まれ変わってもらいたいと願う次第である。

〈軍艦マンション〉を後にして熱海に向かう道すがらも、いくつか廃墟を見た。

廃墟というのは、いわば建物の死骸だ。一つ二つならまだしも、何軒も見ていると次第に気が滅入ってくる。

すぐ後ろの座席から会話が聞こえてきた。

「不景気ってのは最悪だな。ああいうホテルじゃ、経営者がずいぶん首吊ったらしいよ」

「首吊りの話は、もう勘弁してくれ」と、これは私と絡んだ男優の声。

「飛び降り自殺も多いって。今夜泊まるホテルのすぐ近くの崖は有名だよ。テレビも取材に来たんだってさ」

「もうやめてくれよ」


錦ヶ浦には創業六〇年以上になる老舗の某リゾートホテルがあり、崖の上の平地は無論のこと、その下の断崖絶壁から海辺に至る、錦ヶ浦の付近一帯を所有している。

たしかに、投身自殺に向いていそうなロケーションではある。海に臨む崖は弓型に長く、険しく、目が眩《くら》むほど高い。

しかし、この崖を含めて錦ヶ浦に続く海岸線はすべて、件のリゾートホテルのプライベートビーチだ。外部の者が無断で出入りすることは出来なくなって久しい。ホテルの敷地内の崖に近づくのも難しい。

私たちが宿泊したのは約一七年前で、すでに敷地内の危険な崖の上のテラスなどには高い柵《さく》がはりめぐらされていた。

今はさらに管理が徹底されて、安全度が高くなっていると聞く。

容易には飛び降りられないのだ。

ずっと以前は、ここで海に身を投げると独特の潮の流れで沿岸にある洞のひとつに遺体が流れついて留まり、そこに死体がたまってしまうというような、生々しく、あまり想像したくないような現象も見られたそうだ。

けれども、ホテルの管理が進んだ今では、問題の洞がどこにあるのかもわからないほど、海沿いの環境が人工的に整備されている。

そんなこんなで、投身自殺が本当に多かったのは昭和恐慌の頃（一九三〇～三一年）がピークであって、近頃はさほどではないという噂には、一定の信憑性があると思われる。

……が、簡単ではなくなったとは言っても、飛び降りることが絶対に不可能になったわけではない。また、インターネット上には、錦ヶ浦にまつわるここ数年内に語られた新しい怪談も散見できる。

ホテルが管理している海岸線だけでなく、近くのトンネルの中や、海辺に臨む「監視小屋」で怪異に遭遇してしまったという話も多い。ホテル内でも、たびたび幽霊が見かけられるという。

このリゾートホテルのサイトを先ほど確認してみたら、最低でも一泊一万円前後はするので少し驚いた。

インターネットの無料動画が普及してから、そしてリーマンショック以降は加速度的に斜陽になった昨今のＡＶ業界では考えられないが、この頃はまだ、こんな良いホテルにスタッフと出演者が全員泊まることが出来たのだ。当時は、スタッフの人数も、景気のせいばかりでなく、ビデオカメラの性能が現在ほど優れていなかったせいもあって、今よりずっと多かったものだ。

鮪の一刀斬りショーという、日本刀のような長包丁を用いて、板前さんが時折歌舞伎役者じみた見栄を切りつつ鮪を捌《さば》く、よくわからない見せ物を観賞した後、夕食をとり、出演者の一部を除いて、朝まで自由行動をしてよしとされた。

私は、共演するＡＶ女優二人――ダブル主演の――と相部屋になった。

部屋は本来はダブルベッドが二つあるツインルームだったが、二つのベッドの足もとに簡易ベッドを一つ置いて、三人用に用意されていた。

簡易ベッドはシングルサイズで、見るからにちゃちな造りだった。遠慮合戦が始まる前に、私はそこに自分の荷物を置いた。

撮影中に腹痛を起こした女優は窓側の、もう一人は廊下側のベッドに寝ることになった。

ホテルには、天然の温泉を引いた大浴場があった。三人で連れだって大浴場へ行った。

腹痛を起こした方の女優は顔色が優れず、この後まだ撮影があるのだとこぼした。

「監督の部屋で撮るんだって。簡単なシーンだって言うけど、でも、もう疲れた」

彼女は私たちよりだいぶ先に風呂からあがった。

部屋に戻らず、監督のところへ直接向かうと言っていた。私ともう一人は、それからものんびりと湯につかった。大浴場はほどよく混んでいて、非常に居心地が良かった。思う存分温泉を愉しみ、のぼせそうになって渋々あがった。

ちょうど浴衣を着終えたとき、脱衣場にメイク係がやってきた。

メイク係は、「……ちゃんは？」と腹痛の女優の名前を出して私たちに訊ねた。

私たちは顔を見合わせた。

「ずいぶん前に行きました。二〇分か……三〇分は経ってると思いますよ」

「来ないのよ。私も監督たちと待ってたんだけど。部屋に戻ってるのかしら？」

三人とも部屋の鍵を預かっていた。体調が悪そうだったから、勝手に部屋に帰って休んでいるというのは、いかにもありそうなことだ。

ところが、メイク係を伴って部屋へ行ってみたもののそこには居らず、また、帰ってきた形跡もなかったのだ。

スタッフ全員で手分けして彼女を探すことになった。

私ともう一人の女優は、部屋で待機するようにと言われた。もしかすると、彼女がひょっこり部屋に帰ってくるかもしれない。現れたら、すぐに監督の携帯電話に連絡を入れろと言われた。

しかし、彼女は一向に戻ってこなかった。

部屋で二時間ほど待った頃、メイク係が再びやってきた。

「……ちゃん、見つかったよ」

しかし、到底、何かをさせられる状態ではなく、急遽、私が彼女の代役を務めることになったという。

「言ってることが支離滅裂で、顔つきもおかしいし、ヘンなクスリでもやってるんじゃないかって、みんな言ってる」

タクシーを呼んでもらい、制作スタッフ一人とマネージャーが付き添って、東京へ帰らせることにしたという。

「彼女の私物はどこ？　持っていかなきゃ。もうタクシーが来ちゃう」

窓際のベッドの上にあったバッグや衣服などをまとめてメイク係に手渡し、私は監督の部屋へ向かった。


撮影が終わって部屋に戻ると、すでに午前零時を回っていたが、もう一人の女優がまだ起きていた。心細そうな顔をしている。

「ねえ、あの子、本当は自殺したんじゃない？」

私の顔を見るなり、そんなことを言うのである。

「どうやって?」

「温泉で海の方を眺めてたら、何かがドボンと海に落ちた気がしたの。もしかしたら……。あいつ、はじめからちょっと陰気で病気っぽくなかった?」

あいつ呼ばわり。嫌いだったのだろうか。

私が黙っていると、さらに、「思い切ったことをやりかねないタイプよ。きっと自殺しちゃって、みんなでグルになって誤魔化してるんだ」と続けた。

私は、あまり妄想を膨らませない方がいいと諭し、もう簡易ベッドを使う必要はないので、窓側のベッドに入った。

「よく平気ね。ドボンって鳴った辺りって、そこの真下だと思うのに!」

しかし、ベッドの横の窓は大きく開かない構造になっていた。私がそれを指摘しても、彼女は自分の妄想を諦められないようだった。

「だけど、痩せた人なら、少し無理すれば出られるんじゃない? 川奈さんだって」

縁起でもないことを言うのである。窓の外には、多くの人々を呑んだ夜の海が、果てしない闇を敷き広げていた。


奇妙なこと続きのロケだった。

この翌朝には、前夜、例の女優に付き添って行き、午前三時に東京からとんぼ返りしてきた制作スタッフが、怖い話を披露した。

そのとき私たちは、全員一緒に朝食の席を囲んでいた。

「昨日の夜、タクシーでホテルを出た直後でした。ここからすぐの所にトンネルがあるんですが、そのトンネルに入るときに、彼女がいきなりマネージャーさんにしがみついて、怖い怖いと騒ぎ出したんですよ。それで、マネージャーさんと僕がなだめようとしたら、前の方を指差したんです。ええ、前の方というのは、トンネルの中ですよ。照明は点いてたけど、薄暗くて……でも、何かがいるのが見えました。だんだんタクシーが進んで……男の子が二人、石蹴りみたいなことして遊んでるのがわかって、僕もマネージャーさんも悲鳴をあげちゃいました。だって子供ですよ？　五、六歳か、七、八歳か……とにかく小さな子たちです。そんなのが、真夜中なのにあんなところで遊んでるって、ありえないでしょ。しかも、そいつら、こっちを見たんです。僕らを見て、笑いかけてきたんですよ！　思いっきり笑顔になってんですよ！　思わず目をつぶっちゃいましたよ。そんで、縮こまってガタガタ震えてたら、しばらくして運転手さんが『もういいですよ』って言って……。目を開けたら、トンネル抜けてました。もう、なんて言うか、普通の夜の景色でした。運転手さんは、どうやら前にもあそこで幽霊に遭ったことがあるみたいでした。子供を見たときも『おっ』ぐらいしか言ってませんでしたしね。あと、『よく出るんだよ』ってつぶやいてたから……。

ええ。運転手さんに詳しい話を訊く気にはなれませんでしたよ。だって、怖すぎて。

トンネルを出たときからずっと、彼女とマネージャーさんは眠ってました。トンネルの中で気絶して、そのまま眠っちゃったんじゃないですか？　東京の事務所に着いて、そこで二人とも起こしましたけど、女の子もマネージャーさんも何を言ったらいいかわからないみたいな顔をして、いろいろ謝ったりしてくれたんですけど、それもしどろもどろで……。僕も同じような感じでした。事務所のバンを転がして戻ってくるように言われてたんで、そうしたんですけど、あのトンネルを通るのがどうしてもいやで、迂回《うかい》してきたんですよ。……あれって、やっぱり幽霊だったのかなぁ？」

この後、私は、撮影中に腹痛を起こしたり姿をくらましたりしたあのＡＶ女優に再び会うことはなかったが、制作スタッフが語ったトンネルの子供の話が本当なら、彼女は死んではいないのだろう。

もう一人の女優は、制作スタッフの話を聞いてから、なぜかいっそう暗い面持ちになり、私ともあまり会話したがらず、気まずいまま別れた。

ひょっとすると、「ドボン」というのは、彼女の願望だったのかもしれない。

そうだとしたら、それもまた、とても怖いことではある。

○三　彼岸トンネル

一九世紀に活躍した江戸の考証家・石塚豊芥子は晩年、文化文政期（一八〇四〜三〇年）に世間を賑わした出来事を集めた『街談文々集要《がいだんぶんぶんしゅうよう》』という本を書いた。同書は巷の話題の拾遺集であるから、奇譚・怪談もいくつも収録されている。その中でも珍奇な話に、「犬産人面狗」というものがある。

文化七年六月八日、田所街紺屋の裏にて犬子を生り。二三疋の内ニ其面ざし人の顔に似たるよし大評判にて早速東領国へ見世物に出せし処、見物大群衆なり（略）其顔の様子、眼より鼻筋の通りし処、人間の様に見へたり（略）。

つまり、人の顔をした子犬が生まれて見世物になり、大評判を取ったという話である。文化七年には筆者の石塚豊芥子は数えで一二歳だったそうだが、子供時代の思い出を書き記したのだろうか。当時、この見世物のようすを描いた絵が残っており、そこに描かれた子供が豊芥子自身だという説がある。

その頃、江戸には梅毒患者が牝犬と交わると治るという迷信があり、ひそかに獣姦を行う者が絶えなかったといい、その結果、犬と人とが混血してこういう生き物が生まれたのだと、まことしやかに噂されたそうである。

そして、これこそが、後世の都市伝説〈人面犬〉の元だという説がある。


人面犬――人の顔をした犬。

はじめは小学生の間で広まったこの化け物の噂は、一九八九年から九〇年にかけてマスメディアで取り上げられ、みるみる日本全国を席捲するブームとなった。

人面犬ブームの源については、先述した江戸の奇譚のほかにも諸説ある。

怪奇漫画やSF映画に登場した人面の犬に由来するというもの、某大学もしくは某放送作家が「噂の伝播《でんぱ》」について仕掛けた社会実験の結果とするもの、ある作家もしくはお笑い芸人の創作が元であるとするものなどいろいろあって、真相は不明である。

そんな原因不明の都市伝説だが、とにかく流行った。人面犬の伝説が最も流行っていた頃、私はニューヨークに住んでいた。にもかかわらず、この噂を知っていたぐらいだ。

流行した理由は、なんとなくわかる。

人面犬のキャラクター造型は、それまでに例のないユニークなものだった。たとえば、「ほっといてくれ」「勝手だろ」「何だ、人間か」などとぞんざいな口をきき、ときには下品な言葉でカップルを揶揄《やゆ》するというのだ。

さらに、非常に足が速く、走る車を追い抜くことが出来て、追い抜かれた車は事故を起こしたという。

そのうえ人面犬は人を襲い、噛まれた人は人面犬になってしまったそうだ。

そんな化け物の「目撃例」が相次いだというのだから、流行らないわけがないではないか。

無論、そんなものが実在するはずがないと思うのが道理だ。しかし、いないと言い切るのも愚かしかった。何しろ当時は「目撃例」が山のようにあったのだから。

お陰で、恐ろしがりながら、しかし嘲笑含みで、面白半分に人面犬探しに乗り出す若者があとを絶たなかった。

二〇一六年頃、スマートフォンゲームの「ポケモンGO」が流行って、スマホ片手に街に繰り出し、ポケモン狩りに興じる人々が話題になったが、モバイル以前の時代に都市伝説の化け物探しに夢中になった人々の心理も、ポケモンに熱中している現代の人々のそれと似たようなものであるかもしれない。

人面犬がとくに多く目撃された場所、それが埼玉県飯能市の〈畑トンネル〉だった。

畑トンネルは、別名を「畑《はた》のトンネル」ともいい、埼玉県道二八号青梅飯能線の旧道に所在する。綽名《あだな》は〈化けトン〉。

一九〇八年（明治四十一年）着工、一九一〇年（明治四十三年）完成というから、相当、古い。埼玉県初の岩をくりぬいた煉瓦《れんが》巻きの隧道《ずいどう》で、飯能市を代表する近代化遺産として埼玉県立博物館に記録されている。

畑トンネルは、飯能から青梅方面に薪炭・石灰・糸繭などを運ぶための重要なルートに位置しており、第二次大戦前から定期運行のバスが通るなど、長年、大いに利用された。

しかし、一九八八年（昭和六十三年）に新道が完成してからは、通過する車が減り、一九九八年（平成十年）の台風の際、豪雨が原因で北側出口付近の土砂が崩落すると、車両通行止めになった。

現在は老朽化が進み、トンネル崩落の危険性があることから、旧道の両端が柵で封鎖され、廃トンネルになっている。

二〇一六年七月下旬に私が訪れたとき、長さ七八・三メートル、幅四・〇七メートルのこの廃墟は、夏草に埋もれていた。

旧道の北側の出入り口はバリケード状の堅牢な柵で塞がれているとの情報があり、南側から接近を試みたが、こちらにもトンネルの五〇〇メートルぐらい手前に柵が設けられていた。少々やましさを覚えなくもなかったが、柵の脇をすり抜けて接近を試みた。

苔むした道の傍に、朽ちた道路標識がいくつか遺っていた。坂道をしばらく行くと、樹木の間に洞穴のようなものが見えた。トンネルだ。

内部は暗く、北側の出口が眩しく光っている。

トンネル内部は湿り気がひどく、壁や地面がところどころ濡れていた。地下水が壁の隙間から漏れているようだ。赤煉瓦の壁面のはずだが、菌類が繁殖して黒や灰色のまだらに覆われ、往年の面影はない。

油照りの午後早く、聞こえるものといえば蟬の声ばかりで、不気味といえば不気味だが、別に何か変わったこともなかった。

畑トンネルは自然に還りつつあり、山の景色に溶け込んでいた。

立ち入り禁止の場所に侵入している私は、山にとって異物であり、草木や虫たちの立場からしてみたら、こちらの方が急に現れた化け物みたいなものである。

誰かに見つからないうちに柵の外まで戻らねばならないと焦り、結局、三分程度、トンネルの入り口付近をウロウロしただけで、潜り抜けることもなく、早々に道を引き返した。

もしもトンネルを潜り抜けていたならば、北側の出入り口の付近にカーブミラーの残骸があったかもしれない。

かつて、畑トンネルが機能していた頃には、このカーブミラーに母子の霊が映ると言われていた。

畑トンネルに棲んでいるのは、人面犬だけではなかったのだ。

トンネルの中に、人の顔の形をした〈笑う染み〉があり、万が一、見てしまうと狂って死んでしまうとか。

四つん這《ば》いになり、猛スピードで追い掛けてくる老婆がいるとか。

母子の地縛霊がいるのだとか。

女性と幼児が手をつないで、うつむいて佇んでいるのだという。これが、車のバックミラーや道路脇のカーブミラーの中に姿を現すと言われていた。

トンネルのあたりで交通事故に遭って亡くなった母親と子供の霊だということだ。

私は何にも遭遇しなかったけれど、これだけ多くの伝説が生まれたということは、畑トンネルには特別な「何か」があるのだろうか。

私の知人で、フリーライターの高橋さんも、かつて畑トンネルで奇怪な経験をしたそうだ。

実は、今回、畑トンネルについて調べようと思ったきっかけは、彼女の――高橋さんは非常に美しい女性である――体験談を聞いたことに因《よ》る。

高橋さんとは、二か月ほど前に知り合った。コラムを書くため彼女が私をインタビューしたのが縁で、そのとき、私が怪談を蒐集していると知り、暫くして体験談を話したいと申し出てくれたのだった。

渋谷のカフェでお話をうかがうことにした。七月上旬のその日、高橋さんは、スレンダーな体に最新流行のファッションを纏い、颯爽と現れた。

挨拶を交わし、お互い飲み物を注文し、軽く雑談してから、おもむろに「では……」と水を向けると、高橋さんは、静かに語り始めた。

「一一年前に、前の職場で起きた出来事です」

思わず、目を瞬いて、高橋さんの顔を見つめてしまった。

私はずっと彼女のことを二〇代半ばぐらいだと思い込んでいたのだ。でも、一一年前にすでに社会人だったということは……。都内の某大学を卒業したと聞いているから、現在三〇歳を超えていることになる。

唖然としていると、彼女は澄ましてこう続けた。

「当時、私はアダルトビデオのメーカーの社員で、制作部に所属していました」

これにもビックリ。先にもお伝えしたが、私はかつてAV女優だったのだ。高橋さんも人が悪い。最初からそう言ってくれればいいものを……。いやいや、進んで話すようなことでもないか。しかし驚いた。

ややあって、私は平常心を取り戻し、高橋さんに先を促した。

二〇〇五年（平成十七年）四月二十五日のことだった。

その頃、高橋さんはＡＶメーカーの制作部のデスクとして、テレビのバラエティ番組を模した『ボッキンＴＶ』というＡＶのシリーズを担当していた。

ＡＶファンから企画のリクエストを募り、採用したアイデアを元に複数のコーナーを作品内に設け、それらにＡＶアイドルが身体を張って次々チャレンジするという内容で、キャッチフレーズは、「笑えてヌケる新感覚エロバラエティ」。

「しょうもない企画ばかりでした」と高橋さんは笑う。

この日も、高橋さんたちが畑トンネルに向かった理由は、あえて心霊スポットでＡＶ女優と男優にカラミを演じさせるためだった。

撮影隊は、ＡＶ女優とＡＶ男優、ビデオカメラマン、現スチ（現場でスチール写真を撮影するカメラマン）、ＡＤ、ＡＶ監督、制作デスクである高橋さん、それから霊媒師の計八名。

東京からハイエース二台を連ねて埼玉県飯能市に行き、途中で畑トンネルの近くの神社に立ち寄って、全員でお祓《はら》いをしてもらった。

畑トンネルが有名な心霊スポットだということは高橋さんも知っていたが、本来、幽霊などはまったく信じないタイプ。

そのときのことを、彼女はブログに書いている。ご本人の許可を得たので、さっそく引用させてもらうこととする。

空は雲一つなく、うぐいすも鳴いている。非常にのどかで、ピクニックでもしたい陽気だ。しかし、お祓いの直後、霊媒師さんは、「子供が二人……というメッセージが来たわ」と言う。特に気にせず神社を後にし、目的のトンネルに向かう。

実にあっけらかんとしている。

ところが、ハイエースをパーキングに停めて、徒歩でトンネルに向かううちに、咳が出始め、次第に酷くなっていった。

咳が止まらない。気づけば、監督と霊媒師も同じように、しきりと咳をしている。

高橋さんも監督も、風邪気味だったわけではない。体調の急変に戸惑っていると、霊媒師が大真面目な顔をして、「咳やくしゃみは体に入った霊を出すしるし」と言った。

高橋さんは、真に受ける気にはなれなかった。

「霊媒師と言っても見た目は普通のおばさんで、別に神秘的な感じもしませんでしたし……」

この霊媒師は、高橋さんの母親と同世代か、もう少し上のような年輩の女性だった。服装は地味で中肉中背、容貌にもこれといって大きな特徴はない。学生の頃に同級生の親にいたような感じと言ったら、どんな女性か、皆さんにも想像がつくだろうか。

それにまた、「咳は体に入った霊を出す」なんて、咳をする子供を気遣っての言いぐさのようでもある。私はこれを聞いたとき、〈ちちんぷいぷい、痛いの痛いの飛んでいけ〉という昔から母親たちがよく唱えているおまじないを思い浮かべた。

これでは、霊媒師というより、お母さんのようではないか。

とはいえ、高橋さんは、しばらくすると少し不気味に感じはじめた。なにしろ、風邪でもないのに、咳がおさまらないので。

予定通り、ビデオカメラマンが景色を撮り、次いで、トンネルの中にゾロゾロと皆で入った。途端に、高橋さんは濡れタオルを頭から掛けられたように感じた。全身が異様な湿り気と冷気に包まれる。

たちまち鳥肌が立ち、小刻みに体が震えはじめた。それほど寒い。

四月下旬の真昼間で、ついさっきまで日向ではTシャツ一枚で過ごしていたのだ。トンネルまでの道は上り坂で、歩くうちにうっすら汗ばんでいた。

なのに、トンネルの中に足を踏み入れた途端……。まるで、冷たい水に全身をドップリと漬けられたような……。

寒いだけではない。湿気も、凄まじいのだ。水の粒が浮いて見えそうな気がするほど、空気が湿っている。そして、澱んでいる。

トンネルに入ったときのようすを、ブログで高橋さんはこう綴っていた。

寒いのは、日があたっていないせい。空気が溜まっているのも、換気が悪いから。そう自分に言い聞かせる。

オカルト的なことはまるで信じない性質《たち》の高橋さんも、このときは、何か異常なことが起きていると感じてはいた。

合理的な原因を探しながら咳や寒気と闘っていると、霊媒師が口を開いた。

「感じます。ここに、子供が二人いるわ」

——子供が二人。

神社でもそう言っていた。

高橋さんは信じなかった。神社で言われたときも、信じなかった。トンネルで、寒さと咳に苦しめられてはいたが、それだけでは信じられるようになるものではない。

霊が存在するなんて、バカバカしい。

「『霊媒師さん、役者やのぅ』って思いました。いいタイミングで言うんですもん」

まさか、と軽く笑い飛ばしたいと思った。

しかし咳が止まらないのだ、どうしても。咳が出て、息が苦しい。

息が……出来ない。苦しい……悲しい……寂しい……そして、懐かしい。

「懐かしい？」

高橋さんを取材させていただいた渋谷のカフェで、私はノートにペンを走らせていた手を止めて、高橋さんを見つめた。

「ええ。不思議ですよね」

「はい。咳が止まらなくて息が苦しいというのはわかるんですが、懐かしいというのは唐突すぎて、ちょっと理解に苦しみます」

畑トンネルの体験から一一年後の高橋さんは、端正な顔をつらそうに歪めていた。心の中で、当時の出来事を再体験しているのだろう。厭なことを思い出させて申し訳なく思った。

「すみません。どうかもう少し、わかるように説明してもらえませんか？」

「たしかに唐突ですよね……。でも、懐かしいとしか言いようのない気持ちが、急に胸に流れ込んできたんです。咳が出て息が苦しいとか、寒いとか、わけがわからなくて混乱してるのは表層の意識ですよね？」

「表層の意識……。表面的な気持ちとか、肌で感じているようなことという意味ですか」

「ええ。そういうものとはまったく別に、突然、哀れみに似た感情が湧いてきたんです。単に可哀想というのとも違う、切ないような、愛しいような、とても懐かしいような気持ちに急になって、気がついたら、泣き出していました」

「シクシクと？」

切ない郷愁で泣くなら当然そうだろうと思ったのだが、高橋さんは頭を振った。

「いいえ。大声で泣き叫んでいました。涙を流しながら。胸が張り裂けそうに感じて、たまらくなって、地面に膝をついて泣き喚いたんです」

激しく慟哭する高橋さんの前に、霊媒師が立った。手刀で空を切り、呪文を唱える。

「どんな呪文でしたか？」

「それが、よくわからないんです。私はお呪《まじな》いや宗教的な儀式についてはまるで疎くて」

「手刀で空を切るというと、陰陽道《おんみょうどう》かしら？　陰陽師？」

「安倍晴明の？　野村萬斎さんが映画で演じられましたよね。でも、その霊媒師さん、ふつうの地味なおばさんなんですよ？」

陰陽道の〈破邪の法〉で用いられるしぐさでは、手刀で空中に四縦五横の格子を描く。これは「九字《くじ》を切る」といって日本独自のもので、同時に、九つの文字からなる呪文「九字真言」を唱えることとされている。

「臨、兵、闘、者、皆、陣、裂、在、前」

霊媒師が唱える呪文が、トンネルの壁に反響した。凛とした声の響きに、一瞬、空気が凍ったかのような、さもなければ時間が止まったかのように高橋さんは感じた。

そして、呪文の残響が消えていくと同時に、胸を占めていた激しい感情が鎮まり、すみやかに心が凪いでいった。

霊媒師によると、畑トンネルには、母親と一緒に殺された二人の子供の霊が漂っていて、潜在意識の波長が合う人に死者の感情が流れ込んでくるのだという。

「祟りではありませんよ。大丈夫。これ以上、あなたに害が及ぶことはないでしょう」

霊媒師にそう言ってもらうと、高橋さんはすっかり落ち着き、気がつけば、いつのまにか咳も止んでいた。


撮影は続行された。やがて、いよいよＡＶ女優と男優のカラミを撮影することになり、霊媒師にはハイエースに戻って待機していてもらうことになった。

高橋さんも、いったんはＡＤと一緒にハイエースに引き揚げたが、撮影現場のセッティングを手伝うため、すぐに再びＡＤとトンネルに向かった。

トンネルに行くと、この先の山の上の方でカラミを撮影することにしたと監督から説明があった。

移動が始まり、高橋さんも撮影隊について歩きだしたのだが――。

「こんどは足が痛くなってきたんです。最初は靴擦れかなと思って、あまり気にしないようにしようとしたんですけど、だんだん、疼くように痛くなってきて、とうとう立ち止まってしまいました」

もう、皆と同じペースでは歩けない。そう判断した高橋さんは、監督たちを呼びとめて謝り、その場で待たせてもらうことにした。

「ADさんがハイエースの鍵を持ってきました。ADさんだけ、五分か一〇分ぐらいしたら撮影現場から私のところまで戻ってきて、ハイエースに送ってくれることになりました」

高橋さんは、道の端に適当な場所を見つけて、腰を下ろした。坂道を、みんなが遠ざかっていく。日が陰ってきたと思い、腕時計で時刻を確かめると、午後五時ちょうどになったところだった。

樹木に囲まれた坂道の途中で、そこからはトンネルは見えなかった。

山の中に、独りぼっちで置き去りにされた。状況的にはそういうことになると思い、不安を感じないわけにはいかなかった。

よく考えてみたら、ハイエースには霊媒師が乗っている。独りで行って、車の中からロックを解除してもらえばいいのだが、ADにはここで待っていると言ってしまった。

それに、ほんの五分か、長くても一〇分程度、待てばいいのだ。こんなに足が痛くては、肩を貸してもらうか背負ってもらわなければ、ハイエースまでたどり着けそうもないし、独りで痛む足を引きずって歩くことを考えたら、ここで待っている方がマシだ。

そう自分に言い聞かせて、痛む足をさすっていたのだけれど。

「そこから意識が飛んで、気づいたら、また絶叫していたんです。今度の気持ちは、さっき泣き叫んだときとは違って、もっと……なんと言うのか、イヤッ！　と激しく拒絶するような……受け容れがたいことが起きて、こんなのイヤだと叫ぶような、そして、凄く悲しい気持ちがして……」

高橋さんの絶叫が山に木霊《こだま》した。

——声が枯れるまで叫びつづけるうち、やがて高橋さんは身動きがとれないことに気がついた。

四方八方から全身を空気で押さえつけられているかのようだった。しゃがみこんだ姿勢のまま、手足どころか、指一本動かせない。

大きく開いた口から、自分のものとも思えない、甲高い悲鳴だけが湧いて出て、暮れなずむ山に吸い込まれていく。

さきほど突然感じはじめた、何かを激しく拒む気持ちは次第に大きく、耐えがたくなってきた。

頭が破裂しそう。心臓が握りつぶされるみたいに苦しい。

「そこで記憶が、少し飛んでるんです」と高橋さんはつぶやいた。

「失神したわけではないと思うんですけど、意識が体から離れるような感じがして、坂道の上の方から、うずくまっている自分に向かって、ＡＤさんが駆け寄ってくるのがわかりました」

高橋さんの叫び声を聞いて、スタッフが慌てて飛んできた。高橋さんの説明には、そのようすを空の上から俯瞰していたかのようなニュアンスがある。

もしかすると、そのとき高橋さんは、一種の霊体離脱状態に陥っていたのかもしれない。そこから先の出来事は、夢の中の出来事のように飛び飛びにしか憶えていないという。

「ADさんに背負われて山道を下りたはずなんです。でも、そのあたりは記憶が曖昧で、あとで皆から聞かされて知ったことの方が多いんですよ」

その頃流行っていたローライズのジーパンを穿《は》いていたために、おんぶされている間ずっと、お尻の割れ目のギリギリ上まで露出していたこととか、と高橋さんは笑った。

間もなく、監督や出演者など撮影隊も山の上の方から引きあげてきて、ADに背負われた高橋さんを含めて全員で撤収することになった。

麓に停めてあったハイエースに皆で乗り込んだが、高橋さんはそのときのことを憶えていない。目が覚めたら走るハイエースの座席に座っていて、車の窓の外が暗く、すっかり日が沈んでいることがわかった。

「都内に戻る最中で、私たちの車は、関越自動車道を走っているようでした。私が目を覚ましたのを見て、皆が声をかけてくれました。よく眠っていたと言われ、照れくさかったのですが、頭がボーッとして、あまり口をきく気がしませんでした。でも、とくに霊媒師さんは、とても真剣な表情で、私を気遣ってくれました」

トンネルで、高橋さんが最初に叫び声をあげて取り乱したときには呪文を唱えて——おそらく陰陽道の〈破邪の法〉を使って——彼女を落ち着かせ、祟りではないと言ってくれた。

だから、こんどもすぐに安心させてくれるのかと思いきや。

「明日、私のところに来なさい。あなたの中にも、何か問題があるのかもしれない」

——あなたの中にも。

畑トンネルに近づいたときから、そこには二人の子供の霊がいると、この霊媒師は言っていた。

また何か、見えたのだろうか？　私の中に？

ゾッとした高橋さんは、翌日は会社を早退して、自由が丘にある霊媒師のオフィスを訪ねた。するとそこで、霊媒師は高橋さんに不思議なことを語りはじめた。

「本当は、初めて会ったときから、あなたに憑《つ》いているものが視えていました。あなたのそばにいる、小さな男の子……まだ幼児です……あなたのお兄さん……そうよね？」

高橋さんの兄が亡くなったのは、彼女が生後八か月のときだった。

物心ついてから両親に聞かされて知ったことだが、兄は公園の滑り台から転落して死んだのだという。他にきょうだいはなく、高橋さんは、ひとりっ子として育った。

これまで、ほとんど誰にも話したことがなかった、家族の悲劇だった。

しかし、霊媒師は兄がいたことはおろか、子供時代の高橋さんの心情まで、的確に言い当てた。

「あなたはきょうだいがいる子が羨ましかった。ご両親は忙しかったから、留守番することが多かったの？　ずっと、独りで寂しかったのね？　でも、お兄さんも、大好きなお母さんやお父さん、そして妹と暮らせなくなって、すごく寂しかったのよ。あなたたち兄妹は、寂しい子供同士。同じ血、同じ魂を持っていたから、強く引かれ合ってしまったんです」

二つの魂は引き合い、寄り添ってきた。彼《か》の世の兄と、此《こ》の世の妹とで、二〇年以上も。

霊媒師の言葉を聞いて、高橋さんは、幼い頃に感じた孤独を胸に蘇らせた。

独りぼっちの子供部屋で膝を抱えていたときのことや何か……。

兄弟や姉妹のいる友だちを妬ましく思ったあの頃、実は、死んだ兄が自分と一緒にいてくれていたのだ。

高橋さんはポツリと言った。

「怖いとは思いませんでした」

霊媒師は、高橋さんの兄は成長しておらず、今も幼いままなのだと説いた。

「あのトンネルの子供たちも小さいときに亡くなっているから、歳が近いあなたのお兄さんの霊とシンクロしてしまったのだと思います。あの子たちとお兄さんは、幼さだけではなく、寂しがっているところも共通しています。あの子たちも、家族を求めているのよ。子供たちの霊は、あなたの体を使って、寂しい想いを訴えたかっただけなの」

この説明を、高橋さんは素直に受け容れることが出来たのだという。すると霊媒師はさらにこんなアドバイスをした。

「なるべく早く、鎌倉の長谷寺に行って、水子地蔵尊にお参りしてきなさい」

〈水子〉というと、中絶された胎児を思い浮かべる人が多いと思う。

しかし、本来の水子とは、戒名の下につける居士、大姉などと同じ位号のひとつで、戒名の場合の読み方は「すいじ」。

死産した胎児だけでなく、生後まもなく亡くなった乳児や幼児に対してもつけられる位号だったという。

水子供養が一般的になったのは一九七〇年代以降のことだ。

江戸時代から昭和初期に至るまでは、死産や堕胎の場合も含めて、赤子や乳幼児が死んでも、集落の女性たちが密かに〈地蔵講〉〈地蔵会〉などの儀礼を執り行うだけで、墓地には埋葬もされず、葬式があげられることは稀だった。

昔は子供の死亡率が高く、たとえば大正期だと生まれた乳児一〇〇〇人のうち、一年以内に死亡する数は一六五・七人。つまり出生した子供の一五パーセント程度が乳幼児のうちに死んだ。

第二次世界大戦前までには徐々に乳幼児も墓地に葬られるようになっていったが、戦後はベビーブームを背景に、中絶件数が急増。そのことから、次第に〈水子〉と言えば堕胎された胎児であるとされるようになり、やがて〈水子供養〉の必要性が叫ばれるようになったのだ。

本格的な〈水子供養ブーム〉は、一九七一年（昭和四十六年）、埼玉県の紫雲山地蔵寺という寺院が一万体の水子地蔵を販売したことがきっかけだと言われている。

紫雲山地蔵寺の初代住職は保守系の政治評論家でもあり、落慶式はというと昭和四十六年、すなわち一九七一年だ。つまり寺が出来ると同時に水子地蔵を販売しはじめたということになる。そして、落慶式には時の総理大臣・佐藤栄作が列席した。

政府の肝いりで〈水子〉という概念を広めることによって、気軽に堕胎する風潮を改めるために水子供養に特化した寺院が建立されたのではないか……。紫雲山地蔵寺の沿革を見ると、気軽に中絶する風潮、ひどくなる一方の道徳の乱れを座視できず、水子供養を行うことにしたと受け取れる言辞が並んでいる。

しかしながら、政治的な意図あるいは商業主義にいかに毒されようと、水子供養の心の芯の部分には、古くから女たちが地蔵菩薩に託してきた優しい気持ち——小さな命を悼む純粋な祈りが込められていると思う。

水子供養についての仏教的な根拠は薄弱だとしても、日本人のルーツに訴えかけてくる部分が皆無だったら、こうまで広く水子思想が定着することはなかったはずだ。

霊媒師のもとを訪ねてから一週間後、高橋さんは父親に付き添われて神奈川県鎌倉市の長谷寺に行き、水子地蔵尊を参拝して亡き兄を供養した。

長谷寺の水子供養は、石造りの小さな地蔵像を購入し、境内に建立することで始まる。地蔵像を建てることで、長谷寺と供養の縁を結ぶのである。地蔵像が建った翌朝から、毎日、読経での供養が行われるようになる。そして、地蔵を建立した者には、ときどき長谷寺へお参りすることが勧められるが、その際には、境内に祀ってある多くの地蔵像の中から、自分の地蔵像を探し出してはならないとされている。

なぜなら、地蔵像は水子の分身ではなく、お地蔵様への感謝と寺院との縁を表しているからだ。従って、祈りは本尊に捧げなければならないわけである。

高橋さんは、長谷寺の地蔵堂で、堂内に安置された地蔵菩薩像に手を合わせた。

ここの地蔵菩薩像は木彫で、子安・繁栄にご利益のある「福壽地蔵」という但し書きがあった。二〇〇三年（平成十五年）に地蔵堂の再建に伴って造られたといい、時代はついていないものの、光背に至るまで彩色が一切、施されておらず、お地蔵さまらしい簡素にして清らかな美を漂わせている。

地蔵菩薩は、「一斉衆生済度の請願を果たさずば、我、菩薩界に戻らじ」と決意して六道を行脚し、親より先に逝去した幼な子の魂を救う旅を続けたという。

地蔵堂を取り囲むように、水子供養の地蔵像が建っていた。無数にあるように見える。長谷寺の境内の案内には、「千体地蔵」と書かれていたが、実際には一〇〇〇体を優に超えているという。

僧侶は語った。

「天国では、お地蔵さまが親代わりとなって見守ってくださって、お兄さまはたくさんのお友だちと共に幸せに過ごされますので、どうぞご安心ください。ただしお地蔵さまの慈悲をもってしても、どうしても与えることができないものが一つだけあります。それは、肉親の愛情です。ですから、お地蔵さまへの感謝と、お兄さまへの愛情を忘れず、大切にいたしましょう」

〈千体地蔵〉のそばには、〈卍池〉があり、文字通り卍の形をした池のほとりに、奪衣婆《だつえば》と懸衣爺《けんえおう》の石像が座っていた。

卍は吉祥の印であると同時に、日本・中国においては「紗綾型」と呼ばれる繰り返し模様の一部だ。くり返すこと、すなわち輪廻《りんね》――。

長谷寺の卍池の横には「水かけ地蔵」が建てられている。柄杓で水をすくってかけると幸運になれる地蔵だという。赤子のような大きさで、衣の裾からのぞく爪先が小さく整っているようすが、実に愛らしい。

生後八か月の妹を眺める、二歳の兄の眼差しはどんなふうだっただろう?

――ちいちゃなちいちゃな手足の指先がほのかに赤く透けながら、花びらよりも薄そうな透明な爪を一つ一つ載せているようす。桃色の唇。円《まど》かな目は、生意気な感じに軽くカールした睫毛《まつげ》に囲まれている、赤ちゃん。僕の妹――。

奇跡を見るような心もちで、幼い兄は、高橋さんを飽かず眺めたのではなかったか。

そして彼は、誇らしく、ようやくひとりで滑れるようになったばかりの滑り台に登った。

（ほら、お兄ちゃんを見てごらん！）

長谷寺のある鎌倉から東京に戻ると、何事もなかったかのような日常が高橋さんを待っていた。

ＡＶメーカーの制作デスクとして、雑駁な業務に追われる日々。

「もうそれからは不思議なことは起こりませんでした……私には」

「それは、高橋さんには何もなかったけれど、他の人には何かあったという意味ですか？」

私が訊ねると、高橋さんはうなずいた。

「私が山道でＡＤさんを待っていたときに、畑トンネルで撮影したスチール写真に、オーブが大量に写っていたんです。それで、広報さんが、私の体験談とその写真を合わせてスポーツ新聞の編集者さんに話したら、面白がられて、一面に記事が掲載されたんですよ。『ＡＶに霊』ってキャッチコピーが付けられて」

スチール写真を撮影したカメラマンが、記事を担当することになった新聞記者に頼まれて、問題のオーブだらけの写真データをCD-Rに焼いて送ったところ、「データが一枚も入っていない」と新聞記者から苦情がくるというオマケつきだったという。

「なぜかCD-Rになかなかデータが書き込めなくて、現スチさんが何度もやり直したという話を、私は広報さんから聞きました。最終的には、ちゃんとデータを送り届けることが出来たんですけどね。でも、なにも、ADさんにおんぶされて、お尻が見えそうになっている私の写真まで送らなくてもよかったのに……。それも掲載されちゃったんですよ！　ヒドイでしょ？　もうなんでもアリですよねぇ」

そう言って、高橋さんは、その紙面の写真を貼りつけた当時のブログをスマホで見せてくれた。

二〇〇五年（平成十七年）八月十三日付の新聞「東京スポーツ」の一面だった。

「AVに霊」という大見出しの横に、トンネルの暗がりに光の玉が無数に浮かぶ只中で、AV女優さんがセクシーな肢体を誇示した写真がデカデカと載っている。

それとは別に、記事のずっと下の方に小さな写真があり、よく見るとそこには男性に背負われた若い女性が……。

「ああ！　これは、ちょっと恥ずかしい写真ですねぇ」

「まったくもう、こっちは大変な目に遭ってたっていうのに、現スチさんてば、こんな写真を撮ってたなんて！」

「それは、お尻が可愛かったから、つい、じゃないですか?」

私がニヤニヤすると、「お尻っていうほど見えてませんよ!」と反論して、高橋さんは吹き出した。

その頃の高橋さんのブログには、こんなことが書かれていた。

後日、霊媒師さんから聞いたところによると、その時間帯は一番危険で、私の上には何十もの霊が憑いていたらしい。

私、どんだけ体張ったんだ! 『もう東スポ一面を会社に献上できたんだからいつでも成仏できる!』と思いましたね。

トンネルは、此岸《しがん》と彼岸《ひがん》の境界なのか。

文芸評論家・奥野健男の『素顔の作家たち 現代作家一三二人』(集英社)という本に、奥野氏がインタビューをした当時、存命だった川端康成本人が自作『雪国』について、「西洋人には理解できないと思う」と語るくだりがある。

そこで川端康成は驚くべきことを奥野健男に話した。以下にその下りを抜粋する。

「なぜならば、あそこには生きている人間は書いていないのだからと言われた。ぼくは驚いて島村も駒子も葉子も生きている人間ではないかと聞き返すと、川端さんは、あれはみな幽霊だよ、あるいは能に出てくるような生霊ですよと言われた」

国境の長いトンネルを抜けると――黄泉《よみ》の国であったのだ。

そういえば、スタジオジブリのアニメ映画『千と千尋の神隠し』でも、主人公たちはトンネルを抜けて異界に行くではないか？

山はまるごと異界である。

古くから日本では山の坂道ですら魔と出逢う場所だとされるのに、山の胎内に向かうがごとき隧道が、無事であろうはずがない。

坂。辻。そもそも境界はすべて、危ういのだ。さらにトンネルは、物理的にも境界そのものだ。

そのうえ、日本にはかつて、「山に女が入ると、女神である山の神の嫉妬に遭い、災いが起こる」という迷信もあった。

以前の労働基準法では、女性のトンネル建設への従事など坑内労働を全面的に禁じていた（旧六十四条二項）が、これは坑道の工事が危険なためばかりではなく、危険であるからこその「ゲン担ぎ」を重視したためでもあったと言われている。

この規定は、二〇〇七年に改正労働基準法が施行され、妊娠中などでなければ女性でも坑道工事に携われるように基準が改められた。

だから今ではトンネル工事に従事する女性もいるそうだが、山とトンネルにまつわる伝説が完全に消えたわけではない。

その証拠に、トンネルの貫通の際に出た石を取り分けておいて、〈貫通石《かんつうせき》〉と名付け、安産のお守りとして用いる習慣が今も残っている。

貫通石は、石（意思）を貫くことから合格祈願や結婚記念などの縁起物としても珍重されていて、トンネルの施工業者が記念品として関係者や地域住民に配布したり販売したりしているという。

国土交通省のWEBサイトによると、日本の道路にあるトンネルの数は全国で一万四四か所だという（二〇一三年・平成二十五年四月一日の調査）。

だったら、さぞかし大量の貫通石が出回っているにちがいないと思って、インターネットで検索してみたら、案の定、オークションサイト「ヤフオク」にいくつも出ていて、数百円から数千円という手頃な価格で取り引きされていた。

ふと見ると、かの有名な〈青函トンネル〉の貫通石もあって、驚いた。しかも、たった三〇〇〇円。

一九八八年（昭和六十三年）に開通してから、二〇一六年（平成二十八年）にスイスのゴッタルドベーストンネルに抜かれるまで世界最長を誇った、あの青函トンネルである。

そういえば、〈青函トンネル〉も心霊スポットなのだった。

トンネル掘削時に出水事故が起き、工事関係者三四名が殉職した。

彼らを祀るため、青函トンネルの入り口がある青森の竜飛岬に慰霊碑が建てられているというが、幽霊目撃談が絶えないという噂だ。

――そんなことを考えながら、いろいろなトンネルの貫通石をパソコンの画面でつらつらと眺めているうちに、山々の呻き声が聞こえてくるように感じはじめた。

山という山に穴をあけて、どこへでも侵入してしまう、人間の罪深さの前には、幽霊や魔物なんて可愛いものだという気がする。

しかし、人間のやることは所詮、永遠ではなくて、どの隧道も、いつかは再び自然に還っていくのかもしれない。

廃墟となった畑トンネルの現在の姿を想えば、それは明らかなことのように思われる。

数々の妖しい都市伝説を生んだ隧道、畑トンネルは、今や静かに山に呑まれつつあった。

人面犬も子供の幽霊も、人の痕跡と共に薄らいで、そんな噂が存在したことさえやがては忘れさられるのではないか……。

未来には、煉瓦もコンクリートも、人も伝説も、全部、土に還る。

飯能市の夏の緑は美しく、逞しかった。ああした自然の底力を見せつけられては、それも仕方がないことなのだと思える。

トンネルよ、さらば。

○四　熊取七人七日目七曲り

怪談を蒐集していると、根拠不明の作り話が実に多いことに気づく。

ところが事実無根の嘘の奥に、本当にあった不気味な事件や故事来歴が隠れている場合も、また少なくない。

大阪府泉南郡熊取町成合の〈皆殺しの館〉がまさにそれで、喧伝されている怪談は虚構だが、深く掘り下げてみると、奇妙な事件もあれば故事来歴にも行き当たるという好例だった。

〈皆殺しの館〉の噂は、東京者の私ですら耳にしたことがあるくらいで、大阪では一時かなり有名だったようだ。

文字通り家族が皆殺しにされた邸宅が廃墟（または跡地）になっているとされ、都市伝説の温床になっていた。

インターネットの「2ちゃんねる」に、二〇〇〇年九月に〈皆殺しの館〉について書き込まれたログが残っている。同サイトが立ち上げられたのが一九九九年五月三十日なので、開設から一年四か月足らずで投稿されたことになる。

スマホ登場以前のあの当時に、オカルト愛好者の間でインターネット掲示板の存在が広まる速度を考慮すると、おそらく「2ちゃんねる」が出来る以前から噂はあったものと思われる。

〈皆殺しの館〉の伝説は、「そこに行くと幽霊が見える」といった曖昧な噂を除外して、具体的な話が大まかに分けて三パターンある。

「門の前に立ち、表札に書かれた名前を唱えると一家の主の霊に祟り殺される」

「建物を解体しようとしたら工事作業員が変死した」

「祟りを恐れて高速道路が邸跡を迂回《うかい》して造られた」

——以上だが、これがぜんぶ嘘。

まず表札の祟りについては、大阪府泉南郡熊取町成合のその場所に表札が存在したことは一度もないのだからありえない。〈皆殺しの館〉と呼ばれた建物が成合寺という寺院だったことは、今日では明らかになっている。江戸時代の回船問屋で長者番付「西の大関」を獲ったことがある佐野（熊取の隣町）の豪商、飯野家の菩提寺で、その山門には「扁額《へんがく》」しか存在しなかった。

次に解体工事の作業員が死んだ話だが、二〇〇一年（平成十三年）に成合寺が不審火で焼失するまで建物があったので、あるわけがない話。

さらに、祟りを恐れて高速道路が迂回した説も眉唾である。たしかに現在の成合寺跡地は高速道路「阪和自動車道」をぐるトンネルに近い山裾に位置し、敷地の端は阪和自動車道に接している。敷地内には墓地もあり、迂回した可能性はある。

阪和自動車道がこのあたりまで開通したのは、海南インターチェンジが出来た一九七四年（昭和四十九年）から岸和田和泉インターチェンジが開設された一九九〇年（平成二年）の間。高速道の敷設工事が行われていた頃、すでに成合寺の住職はここを寺として運営することは止めており、大阪市に住んで、人に土地の管理を任せていたという。

管理人は通って来るだけで住むことはなく、長らく破れ寺になっていたそうだから、高速道路脇の廃屋は人の目にさぞかし不気味に映っただろう。

……が、道路は至極、真っ直ぐ通っているのである。迂回したようには見えない。

何よりも、肝心の一家惨殺事件自体が起きておらず、工事作業員も死んでいないのだから、祟りなど存在しないわけだ。

熊取町の〈皆殺しの館〉は、同じ大阪府内の柏原市高井田の旧田中邸と混同されているのかもしれない。

旧田中邸は〈皆殺しハウスT邸〉と呼ばれ、現在は取り壊されているが、少なくとも二〇一一年頃までは建物が存在していて、「田中」と書かれた表札があった。

一説によれば、旧田中邸にはかつて暴力団組長の一家が住んでいたが、ある日、組長が狂気に陥って家族を殺害したのち自殺した——つまり凄惨な無理心中事件がここで起きたのだという。が、真偽は不明で、訪れた人々の談話を見ても、「荒れ果てているだけで何も起きなかった」というものが大半だった。

熊取町の人口は大阪府内の市町村で三四番目の約四万四〇〇〇人と、町としては府下最多で、面積は一七・二四平方キロメートル（大阪府の面積の約〇・九パーセント）。公共施設は比較的充実しており、町内に合わせて八つの公立小中学校がある。

町名の由来は、周囲を山と丘陵でクマドリされて盆地になっている地形から名づけられたと言われている。

古くから農業と綿業が盛んだった土地柄で、今も主な地場産業は野菜づくりや綿スフ織物やタオル製造。町内には農地用の溜め池が数多く点在する。また、町内には京都大学原子炉実験所や〈永楽ダム〉がある。

〈永楽ダム〉も、〈皆殺しの館〉に次いで人気のある心霊スポットだ。ダム湖から南東へ直線距離にして約一〇キロ先にある〈熊取町営斎場〉も。

そして、ダムも斎場も、〈皆殺しの館〉の成合寺跡と同じく過去に大きな事故や事件が起きた形跡がない。にも関わらず、噂だけが独り歩きしている。そして、成合寺跡を含め、同じ山の山裾にある。

この山の名前は〈雨山〉。

地図で確認すると、〈永楽ダム〉〈熊取町営斎場〉〈皆殺しの館〉こと〈成合寺跡〉は、山の裾野を南東方向に走る真っ直ぐなライン上に乗ることにすぐに気がつく。

雨山は標高三一二メートルで、泉佐野市土丸の土丸山と連山になっており、南北朝時代には土丸・雨山城が築かれ、山頂には雨山神社が鎮座していた。

古来から雨山は熊取の象徴的な山だとされているそうだが、山城も神社も、現在は遺跡があるのみだ。

雨山は、その名の通り雨乞いの山として信仰を集めてきた山で、旱魃《かんばつ》になると村人が登頂して、雨乞いの儀式を執り行ったという。現在でも、成合寺跡のあたりから北へ広がる山のふもとの成合地区が毎年九月一日に「八朔《はっさく》」という雨乞いが起源の行事を行っている。

また、今も盛んな「熊取だんじり」も、江戸・天保期の古文書に「往古より神躍《こおどり》の列に先例出し来り候（原文ママ）」と記されていることから、雨山神社に雨乞い祈願として奉納された神踊り「雨山踊り」と深く関わっていることがわかるのだ。

雨山踊りは、昭和期に入ってからも続けられていたが、昭和二〇年代に廃絶されたそうだ。

――不思議な直線で結ばれる〈永楽ダム〉と〈熊取町営斎場〉、先述の〈皆殺しの館〉こと〈成合寺跡〉は、雨山にまつわる一種のパワースポットなのではないか。

この仮説のもとに、私は雨山神社について調べてみた。すると、いくつかの興味深い故事来歴が見つかった。

雨山神社は、その名を雨山龍王社ともいい、祭神は闇龗神《くらおかみのかみ》、『古事記』の表記に倣えば闇淤加美神《くらおかみのかみ》。

闇淤加美神は、闇御津羽神《くらみつはのかみ》（別名・闇罔象神）、高龗神《たかおかみのかみ》（別名・淤加美神）と同じく、日本を代表する水の神だ。

龗《おかみ》は龍の古語で、龍は、天空天地を行き来して雲を呼び雨を降らせるなど、水を自在に支配するとされる。

そして闇《くら》は、断崖に挟まれたような狭隘部、すなわち峡谷の意味だという。

万葉集には〈くら谷〉という言葉が出てくる。

　鶯の鳴くくら谷に打ちはめて焼けは死ぬとも君をし待たむ（巻第一七・三九四一）

意味は、「鶯が鳴いている峡谷に身を投げようとも、焼け死ぬようなことがあろうとも、あなたのことをお待ちしています」といったところで、〈くら谷〉が相当に険しい地形であることが想像できる。

したがって、「闇龗」の字義からは、峡谷を流れる水のイメージが浮かんでくる。闇淤加美神は峡谷の水をつかさどる神なのだ。

雨山の界隈にそのような場所があるかというと、はたして、山裾の〈永楽ダム〉と〈熊取町営斎場〉を繋ぐ道沿いに大きな池があった。河のように長い形の池である。ダムと斎場を結ぶ道程の半ばで池は五〇〇メートルほど途切れ、再び高速道路を越えた成合地区で水脈にぶつかる。

また、雨山の西南から西北にかけては樫井川が流れ、山裾の北側の端には点線でつなぐかのように溜め池が連なっている。つまり、雨山はほとんど水に取り囲まれていた。水の神を祀るのにふさわしい山だったのだ。


古神道では山や川の自然領域を、「神奈備《かんなび》」として聖域化してきた。いにしえの神社には、神籬（鎮守の森や神体山、御神木）・磐座（巨岩、巨石）を御神体として社殿がなかったというが、雨山神社はどうだったただろう?

一九〇八年（明治四十一年）に雨山神社は、熊取町全町を氏地とする大森神社に合祀《ごうし》され、今では雨山山頂付近に小さな祠《ほこら》を遺すのみで、最初から社殿があったか否かは不明である。ただ、祠のそばにヤマモモの巨木がある。この木は熊取町指定保存樹になっている。

闇淤加美神は、伊邪那美命（イザナミ）が火の神・火之迦具土神（ヒノカグツチ）を生む際に陰部を焼かれて死に、憤激した伊邪那美命の夫・伊邪那岐命（イザナギ）が十拳剣《とつかのつるぎ》・天之尾羽張（アメノオハバリ）で火之迦具土神を斬り殺したときに、刀身の柄に溜まった血から生まれた神だとされている。

ご存知のように伊邪那岐命は伊邪那美命を黄泉《よみ》の国から連れ戻そうとしたが、伊邪那美命の姿はすでに変わり果て、腐肉に蟲《むし》をたからせていた。

伊邪那美命に振り返ってはならぬと言われたのに振り返り、伊邪那岐命は恐ろしく変貌した妻の姿を見てしまう。そして此の世に逃げ帰ろうとするが、八柱の雷神と黄泉軍に追いかけられる。伊邪那岐命は必死で逃げ、黄泉平坂の麓まで逃げてきたところ、そこに生えていた桃の木の実を三個、追っ手に投げつける。すると追っ手は退散し、伊邪那岐命は無事に此の世に帰ってくることができた。

――と、このような伝説を鑑みると、伊邪那岐命による子殺しの血から生まれた闇淤加美神を祀る雨山神社のヤマモモは、黄泉比良坂の桃の木を彷彿とさせるようだ。

桃とヤマモモはまったく別の植物だけれど、どういうわけか神話の里・島根県松江市東出雲町の「黄泉比良坂」にも、ヤマモモの木があるのだという。

この土地の地形と神々の伝説を踏まえると、雨山神社は、山そのものが神体山だったのかもしれないという推論にたどりつく。つまり雨山自体が神奈備だった。

だとしたら、合祀の甲斐があったかどうか……。この山の神を祀ることをやめてしまったことになりはしないか、心配だ。

すでに歌う人がいなくなって久しいようだが、熊取町には雨山を登るときに歌う、こんな俗謡があったという。

雨山の七曲り、七曲りにくい七曲り、七曲ってみれば七曲りにくい七曲り

蛇行する山道を〈七曲り〉と呼ぶことは珍しくなく、全国各地の地名ともなっている。七曲りとは、つまり九十九折《つづらおり》（ジグザグ状に急カーブの折り返しで連続する坂道）のこと。こうした蛇行する坂道には、山道の勾配を緩やかにし、大雨の際に山道が川になるのを防ぐ合理的な機能があることが知られている。

しかし、現代ではとうに忘れられているが、七曲りの道には、神話的かつ呪術的な意味があったそうだ。

まず、ひとつには七曲りは雷や稲妻の形を模したもので、雨乞いと関係があったのだという。雷が雨を伴うことから、雷神は水神の属性を持つとされる。雨乞いの儀式をする山の山道を七曲りにすることで、水神の力を借りようとしたのだ。雨乞い信仰の雨山の七曲りは、この説に符合する。

それから、呪術の方では、まず、古来、坂は此の世と彼の世の境界であり、坂には魔や邪

がひそむと言われていた。そして、魔を弱めるには「曲げる」とよい、しかも「七曲げ」が最も力が強いとする呪術的な考えがあった。

坂、すなわち山道。山道を〈七曲り〉にするという呪《まじな》いには、山の神に対する畏《おそ》れがあらわれている。

呪術によって地にひそむ厄を防ぎ、同時に祀って敬ってきたのだが——雨山神社は失われ、神踊りは廃絶されて、七曲りの呪術も忘れさられた。

雨山の魔力を封じるものが消えた結果、漏れ出した魔や邪が、山裾の東南をよぎる道を伝って、事実無根の心霊スポットを出現させているのではないか……。


熊取町を俯瞰してみると、阪和自動車道の北西は人の領域、南東は山の領域に分かれていることにあらためて気がついた。

かなりはっきりした分かれ方である。阪和自動車道に敷地を接する成合寺跡は、人の領域の端にある。人々が住まう成合地域からトンネルを潜る道は、ダム湖の横を通って、終点に熊取町営斎場がある。そこから先に道路はない。

死の儀式を執り行う斎場。異界への入り口を象徴するトンネルのそばの寺の跡地と、その先に広がる人々の暮らし。この二つを繋ぐ道は、生と死を往還する道であるかのようだ。

そう、まるで黄泉平坂のように。

封印を解かれた山の魔は、どこへ向かうのか？〈皆殺しの館〉の噂には、本当に根拠がなかったのか？　これらの疑問を解消すべく、さらに熊取町について調べてみたところ、私は、〈熊取町七人連続怪死事件〉と呼ばれる一連の出来事と、数字の「七」をめぐるこの土地の因縁にたどりついた。

――雨山神社は失われ、神踊りは廃絶されて、七曲りの呪術も忘れさられた。雨山の魔や邪が頸木を解かれたら、自ずと里へ下りてくるのではないか。

その仮説を念頭に、熊取町の地図を俯瞰してみたところ、私はある特色に気がついた。

大阪府の泉南町から熊取町、そして岸和田市、松原市あたりまで、つまり大阪湾の東岸に面した大阪南部のこの地域には溜め池が非常に多いのだ。熊取町は中でも〝溜め池密度〟が高い一帯にすっぽりと入る。

そして、私が黄泉平坂になぞらえた熊取町立斎場から〈皆殺しの館跡地〉に至る雨山の南東ラインの周辺（山の領域）には溜め池は少なく、阪和自動車道を越えて海沿いまで至る町の中心部（人の領域）に多い。

なぜ大阪の南部に溜め池が多いのか？　その疑問に答えてくれるのが、狭山池だ。

狭山池は大阪狭山市大字岩室にある日本最古の溜め池で、飛鳥時代前期に築かれたという説があり、『古事記』や『日本書紀』にも記述されている。

六十二年秋七月乙卯朔丙辰、詔曰、農天下之大本也、民所恃以生也、今河内埴田水少、是以、其国百姓怠於農事、其多開池溝、以寛民業、冬十月、造依網池、十一月、作苅坂池、反折池、一云、天皇居桑間宮、造之三池也（『日本書紀』崇神天皇紀）

〈現代語訳〉

（崇神天皇は）即位六十二年秋七月二日に詔を発して曰く、「農業は天下の大本であり、民の力に頼っているものだ。今の河内の埴田（狭山の「ハニタ＝田」）には水が少ないため、その国の百姓は農業しない。そこで多くの池溝（水路）を拓くことで、民の業を広めよう」。冬十月に依網池を、十一月には苅坂池・反折池を造成した。一説によれば天皇は桑間宮にこの三つの池を造ったとか。

次、印色入日子命者、作血沼池、又狭山池（『古事記』垂仁天皇記）

〈現代語訳〉

印色入日子命（垂仁天皇の皇子）が、血沼池、また、狭山池を造る。

狭山池の築造年は不確かであるとされ、崇神天皇説を採る四世紀から崇神天皇の孫にあたる〝垂仁天皇の皇子〟説の、四から五世紀を経て七世紀頃までと諸説ある。

一九八八年（昭和六十三年）から行われた大規模改修工事の際に、狭山池に使用されていた木材が調査され、年輪年代測定結果で、六一六年（推古天皇二十四年）に伐採されたものだと判明した。

……なんにせよ、とてつもなく古い。

ようするに、大阪南部一帯では、きわめて早い時期から溜め池を造る技術が開発された。なぜかというと、「埴田水少、是以、其国百姓怠於農事」だったから。

雨山では山頂の神社に水神・闇淤加美神を祀り、神踊りをして雨乞いの儀式を執り行った。人々は、日々の暮らしのために、山の領域では神に祈り、人の領域では灌漑工事を行って溜め池を造ったのだ。

しかし、時代は変わり、祈りや呪いと共に、溜め池が本来持っていた切実な意味さえも忘れられていった。

〈皆殺しの館跡地〉すなわち現在の成合寺跡地は、高速道路「阪和自動車道」に敷地が接しているが、この阪和自動車道が熊取のあたりまで開通したのが一九八〇年代半ばから九〇年の間で、成合寺が不審火で焼失したのが二〇〇一年。

高速道が開通したことで、山裾の小さい寺院は人目に触れやすくなったはずだ。その頃には無人の荒れ寺になっていたそうだから、そのあたりから〈皆殺しの館〉のデマが生まれたのではないかと思うが、建物の外観がおどろおどろしいというだけでは、根拠として弱い。

デマにしても、もっともらしい裏付けは必要で、その裏付けとなる出来事が、無人となった成合寺を多くの人が見るようになった九〇年頃から寺が焼失するまでの間に起きた可能性が高いのではないだろうか。

一九九二年（平成四年）四月二十九日水曜日、熊取町内の溜め池の周辺でシンナー遊びをしていた若者たちがいた。

そのうちの一人、一七歳の少年が、シンナーによる酩酊《めいてい》状態のまま溜め池に入り、溺死してしまった。ちなみに、一九九二年というのは尾崎豊が亡くなった年だ。

尾崎豊も生前、覚せい剤取締法違反（所持）の疑いで戸塚署に逮捕されているが、一九八〇年（昭和五十年代半ば）頃から一九九二年頃にかけて、少年の薬物乱用はシンナーと覚せい剤の二重構造になっていたとされており、各種のデータが発表されている。

当時、中高生が最初に手にする薬物がシンナーだった。

シンナー遊びを経て、非行がひどくなり、やがては覚せい剤に手を染めるのがおきまりのパターンで、少年のシンナー乱用と同時に覚せい剤乱用も急増していることが、数値を表すグラフ付きで「昭和五十五年版犯罪白書」にて報告されている。

ところが、平成に入った頃から少年によるシンナーや覚せい剤の乱用は共に減少傾向になり、一九九二年頃からは激減して、たった一年ほどでピーク時の半分を割り込むほど減ってしまう。

一九九二年の熊取町には、まだシンナーを吸引する少年たちが残っていた。

最初の犠牲者も、その一人だった。彼は板金工だった。オートバイが好きで、「風（KAZE）」という暴走族の少年たちと繋がりがあった。警察は彼の死を事故死であると判断した。

それから一か月後の五月二十九日金曜日、前月に死んだ板金工と顔見知りの一七歳の少年が自宅で急性心不全を起こして死亡した。シンナーの常習者であり、副作用なのか肝臓にトラブルを抱えており、ひどく痩せていたそうだ。

彼の死は、シンナー吸引中の事故死であるとされた。板金工の友人と同じく、彼もまた、バイク乗りだった。葬儀には「風（KAZE）」のリーダーが参列したという。

その約一週間後、六月四日木曜日、「風（KAZE）」の主要メンバーで、先に死んだ二人の一学年先輩にあたる一七歳少年が自殺体で発見された。

熊取町には、名産品である玉ねぎを乾燥させる小屋が多い。そのうちの一つで彼は首を吊って死んでいた。遺書はなかったが、遺体のポケットと自宅の仏壇から友人たちから借金していた事実を示唆するメモが見つかった。

また、彼は死に先立つ半年も前から、「白い車」につきまとわれていると周囲に漏らしていた。

作家の鶴見済氏は、事件の翌年（一九九三年）に出版された『完全自殺マニュアル』の中で熊取町の事件について触れているほか、当時、週刊誌『SPA!』で不気味ワタルという名義でこの事件を取材調査して記事にし、九四年に出版した『無気力製造工場』という著作でも熊取の事件のルポルタージュを発表している。

鶴見氏によると、地元の人々の間では死んだ少年たちは実は何者かによって殺されたのだとする「他殺説」が有力だったそうだ。

白い車の関与は警察も疑い、「白い高級車」の目撃情報を中心に聞き込み調査をしていたというが、結局、関連性は無いものとされた。

自殺した少年もシンナーを常習しており、「風（KAZE）」やシンナー遊びを通じて仲間が多かった。彼の葬儀には「風（KAZE）」のリーダーも訪れた。「風（KAZE）」のリーダーは彼の親友だったのだ。リーダーは、友を弔うために集まった仲間たちに言った。

「●●（死んだ親友）のぶんまで俺たちががんばって生きよう」

ところが、さらに一週間後の六月十日水曜日、そんなふうに生に前向きだったリーダーが納屋で首吊り自殺した。

彼もシンナー常習者で、補導歴があり、バイクの盗難や自販機を破壊する釣銭ドロなどの窃盗もくり返す、地元では有名な不良だったそうだ。

その一方で親孝行の働き者であり、子分たちの面倒見もよく、非常に人望が厚かった。弱い者いじめはせず、挨拶が出来る子だということで、近所の人々の受けも悪くなかったらしい。

在校時には窓ガラスを四九枚も割る事件を起こしたにもかかわらず、卒業した中学校の教師からも「いずれはひとかどの人物になるだろう」と評されていた。

葬儀には四〇〇名もの参列者がつめかけたという。

昭和時代の少年マンガには「暴走族モノ」というジャンルがあって、その主人公もしくは主人公に近しい先輩に、彼のような人物像が描かれることが多かったような気がする。根が優しい正義漢だがワルであり、不良たちのヒーローである、という〝兄貴分〟。

こういう少年はまず間違いなく不良少女にモテると思うが、実際、彼には将来を誓い合った恋人がいた。

彼女はその頃彼の子を身ごもっており、二人は近く結婚する予定で、新居を探していたそうだ。

また、前年に父が経営していた土建会社が倒産して手放した家を、彼は両親のために買い戻してあげたいと言って、一所懸命に働いている最中でもあった。

職業は建設作業員。元々、父の会社で就いていた仕事である。

自殺の前々日には、母親に、保温式のランチボックスを買ってくれと頼んでいる。仕事先に持っていくから、と。母親は最後まで、息子が自死したことを認めなかった。

「肩をいからせて、前のほうを睨むようにして、こぶしをギュッと握りしめとったんですよ。（略）警察の人に私言うたんです。『これでも自殺なんですか』って。（略）」

「息子は確かに言うてましたよ。カローラやったと思うけど、白い車にいつも付け回されて『俺ヤバイんだよ』とか。（略）」（『不思議ナックルズvol・5』（二〇〇六年・平成十八年五月二十五日）より）

不良少年は、家族の危機や愛する人の懐妊という洗礼を受けて、急速に大人になろうとしていた矢先だったのではあるまいか。だからこその、「がんばって生きよう」という仲間への呼びかけである。

あれは、歯を食いしばって自分自身に言い聞かせた言葉でもあったに違いない。

新しい弁当箱を母親にせがんだのは、親友の死を乗り越えて家族のために生きていこうとする自分自身への褒美だったのではないか。

……そんな男が自殺するだろうか？

暴走族のリーダー（孝行息子）の意外すぎる自殺から二日後の六月十二日。

この日、ある少年が約半年ぶりに熊取町に帰ってきた。彼は、以前、町内の土建会社に勤めていたが、そこがつぶれてしまったために、昨年、三重県鳥羽市の旅館に転職していた。「友だちの葬式に出るので休みがほしい」と職場に告げ、休暇を取って熊取町に来たのである。

そう、彼は前の週に死んだ建設作業員、孝行息子で「風（ＫＡＺＥ）」のリーダーの、元同僚だったのだ。

転職前は「風（ＫＡＺＥ）」のメンバーでもあったが、旅館での勤務態度は優秀であり、服装や態度からも不良めいたところは消えていたという。

彼は肝腎の葬儀には間に合わず、十三日の昼には勤め先に、明日帰ると電話で知らせていた。しかし、その後なぜか帰らず、熊取の友人宅を転々とした。そして十六日には、かつての恋人に再会し、「近く結婚する」と彼女から聞かされた。

このすぐ後に、「ロープはないか？」と冗談を言っていたという友人たちの証言がある。

……が、その翌日に本当に首を吊るとは、誰も予想だにしなかったようだ。

六月十七日水曜日。彼は、玉ねぎを乾燥させる小屋で死んでいるところを発見された。違う小屋だが、六月四日に自殺した少年と同じ死に方である。異なる点は、旅館従業員の彼は、両手をビニール紐で後ろ手に縛られていたということ。

ただし、警察は、自分で縛れる縛り方であるとして、首吊りの紐を自分でほどかないように念のため自ら手を縛ったのだと結論づけた。

自殺の二日前（十五日）に、前の週に死んだ建設作業員の母が、彼もまた「白い車」を目撃していたことを電話で確認している。

六月二十五日木曜日。――お気づきだと思うが、一連の不審死は水曜と木曜に集中している。例外は二人目の死者で金曜日だが、その次の死が木曜に訪れたことを考えると、前後の誤差は一日以内。

しかも、三人目以降は、ほぼ七日目ごとに死んでいる。他にも「風（KAZE）」やシンナーとの関わりなど共通点は多い。

さて、六月二十五日には、熊取町在住の公務員が首を吊った。

彼は隣の岸和田市の職員で、熊取町の自宅から岸和田市に通勤していた。年齢は二三歳で、今回、熊取町で連続死した中では最年長だ。

「風（KAZE）」との交流は一切なく、勤務態度は真面目で、岸和田市役所の陸上サークルに所属。マラソンが趣味だったという。

彼は熊取町と貝塚市との境にある山林で、遺体となって見つかった。栗の木の枝に、着ていたシャツをロープ代わりに結びつけて首を吊っていたそうだ。

しかし、その枝というのが、恐ろしく高い位置に付いていた。件の枝は、ジャンプしても絶対に手が届かない高さだ。木の周囲には踏み台になるような物も見当たらなかった。ロープを放り投げて引っ掛けるならともかく、シャツを巻き付けて、それで首をくくることなど出来ようか？

そこで地元の人々は今回も「他殺説」に傾いたが、またしても警察は自殺だと判断。そしてなぜか、事件後すぐに、問題の栗の木は伐採処分されてしまった。

熊取町内には私立大阪体育大学がある。七人目は同大学の体育学部の学生だった。キャンパスは、偶然、雨山の山裾の斎場・ダム・成合寺という三つの虚構の心霊スポットを結ぶ直線の延長線上に位置している。

この年の四月に入学し、鳥取県の実家から熊取町内の下宿に引っ越してきたばかりの一九歳の女性である。

彼女がこの連続死事件における最後の死者になった。

六人目の市職員の死の七日後、七月二日木曜日の夜、八時四〇分頃、下宿からほど近い熊取町立町民グラウンドの脇で彼女は発見された。グラウンドの横の側溝に倒れていたのだという。そのときはまだ息があり、近くに果物ナイフが落ちていた。

左胸に致命傷となった刺し傷があり、さらに首筋を四か所も切りつけられていて、発見時にはどの傷からも激しく出血していた。

血まみれで、こう訴えていたという。

「違う、違う」

彼女は、病院に搬送後、三日午前二時一〇分に出血多量で死亡した。

体育学部では陸上競技を専門にし、死の二日前に一〇〇〇メートル走で自己ベストを更新したばかりだった。

死んだ日の夕方には、普段と変わらないようすで、近所のスーパーマーケットで買い物をしていた。

また、彼女は「黒い車」に追われていると生前、友人たちに話していた。しかし警察は、首筋の傷を「ためらい傷」であると見做して、彼女の死は自殺であると断定した。

事件が起きた日にも現場近くに車が停まっていたという情報もあったようなのだが、それが「黒い車」なのか、それとも少年たちを追い回していたという例の「白い車」なのかまでは伝えられていない。

七人目の遺した「違う、違う」という言葉の意味は、ごく単純に解釈するなら「自殺ではない」あるいは「私ではない（人違いという意味で、犯人に対して）」ということになるかと思う。

不審な点が多い七件の死の現場は、半径一・二キロメートル内に、ほぼ収まる。

同じ町内の、自分と年齢の近い若者たちの連続死を、七人目の彼女が知っていた可能性は高い。

しかも、白と黒の違いはあれど、車に尾け回されていると言い遺している状況も類似している。「白い車」の目撃談は二人目が死んだ直後の六月初旬からマスコミでも報じられていたようだ。

七人目の女子大生は、怪しい自殺と車を関連付けて考えていたかもしれない。

「これは自殺と違う。私は殺されたの」と訴えたかったのか。

それとも、前々からつけ狙い、ついに殺害しようと襲ってきた犯人に向かって、「人違いしているのではないか。何か悪いことをした人がいたとしても、それは私とは違う」と言って必死で抗った、その瞬間を頭の中でくり返し再現し、うわごとをつぶやいたのか。

多くの謎を残したまま、熊取町の七人連続死事件は幕を閉じた。


七人。およそ七日ごと。

一九九二年の四月から七月にかけて起きたこの事件が、成合寺が〈皆殺しの館〉と呼ばれることになってしまったデマの遠因になったのではないかと私は思う。

直接には何ら関係がないが、デマが発生したのが「無人となった成合寺を多くの人が見るようになった九〇年頃から寺が焼失するまでの間」であるとすれば、ちょうど時期的に合致する。

短期間に集中して起きた謎の怪死事件の噂は、事件の関係者から遠い人々によって面白おかしく歪められて、やがて同じ町内にある不気味な廃墟（実際には無人になった寺）に、具体的な根拠は皆無のまま、ただイメージの上でのみ、結びつけられたのでは……。


それにしても、熊取町は「七」に奇妙に縁がある町だ。

雨山の七曲り。

七人連続死事件。そのうち五人は約七日目ごとに死んだ。

そして、二〇〇三年五月二十日、熊取町七山で、当時小学四年生の少女が忽然と姿を消した。当日の夕方から捜査が続けられ、現在は「捜査特別報奨金三〇〇万円」が大阪府警察によって公示されているが、いまだに手がかりすらつかめていない。

七山——またしても「七」だ。

七山には七山神社があるが、初めにここに御社が祀られたのは七四三年（天平十五年）で、当時、この辺りは〈七里村〉と呼ばれていた。藤原氏の荘園だったという。


熊取町にまつわる「七」のつく逸話は他にもある。

それが〈七人庄屋〉と〈八ツ地蔵〉で、〈七人庄屋〉は、江戸時代、現在の貝塚市の一部を含む岸和田市の西側から泉南市にかけた地域から、この一帯を治めていた岸和田藩が選び出した七人の有力者のことだという。

藩主・岡部氏が、岸和田藩の領内の各村から経済力と政治力に長けた強者を選抜し、名字帯刀を許して〈七人庄屋〉と名付け、行政的な役割を担わせていた。

熊取町（当時の熊取谷）からは、中左近と降井左太夫という二人の庄屋が選ばれた。七人庄屋は村役人の中でも最も格式が高いとされ、武具や登城する際の正装用の衣服のほか、藩主にお目見えする権利や時候の挨拶伺いの義務まで付与された。熊取町の〈七人庄屋〉中家と降井家の家屋は現存し、それぞれ「中家住宅」「降井家書院」として、国の重要文化財に指定され、見学が可能である（降井家書院は毎年一一月初旬の土曜日、日曜日の午前中のみ特別公開）。

〈八ツ地蔵〉は、熊取町野田地区にあるお地蔵様だ。

七ではなくて八ではないか、と思われるだろうが、これが面白くて、名ばかり「八ツ」で、実際には、ここには「七ツ」しか地蔵がない。

祠が造られたのは昭和初期より前のはずだ。というのも、その頃まで、ここには「八ツ地蔵松」と呼ばれていた松の大木があったという記録が残っているからだ。

そういうわけで少なくとも九〇年か、たぶん一〇〇年以上は前に建てられた石造りの祠があるのだが、祠が建立されたとき、そこに八体の地蔵を納めようとしたら、七体しか入らなかったのだという。

そこで、残り一体を大原に持っていき、祠に入れられた七体をもって「八ツ地蔵」としたそうだ。

どうしても「七」にこだわりたかった熊取の土地神様の仕業であろうか、と思ってしまいたくなる変わったエピソードである。

ちなみに「七」という数字には、日本においては、西洋における「ラッキー・セブン」や「七つの大罪」のような絶対的かつ重大な意味はないとする説がある。

中国の陰陽五行説の思想では、「一、三、五、七、九」の奇数を吉としたが、ご存知のように日本の神話では奇数を特別に吉であるとはしていない。むしろ「たくさん」「とても多い」という意味と、字形から「末広がり」というめでたい意味を込めて「八」を古代の日本人は好んだ。日本神話の中には「八《や》」「八十《やそ》」「八百《やお》」「八《やち》」といった言葉が頻出する。「八岐大蛇」は本来、「多くの知恵を持つ山の神」であったと考えられている（武光誠『八百万の神々の謎』より）。

その一方で、日本には、〈七人塚〉や〈七人御先〉の信仰に基づいた「七人で旅をすること」を禁忌とする迷信も昔から存在する。

〈七人御先〉の「御先」は、怨霊または死霊を指すという。全国各地の峠や村落の境界に〈七人塚〉や〈七人御先〉があるが、あれらは恨みを残して死んだ者を七人、葬った場所だという。怨霊を祀ることで神として、悪霊が里に入ることを防ごうとしたのだ。

邪悪なものから防御するにあたり七人にこだわった理由は、道教の星辰信仰に基づいた、破邪や鎮護の力が宿るとされる〈七星剣〉の〈北斗鎮護の神法〉――北斗七星の力をもって百邪を除く――が元になっていると言われている。北斗鎮護の思想は、日本でも奈良時代にはすでに力を持っていたようで、高松塚古墳や正倉院御物に北斗七星の意匠が見られる。

そうしてみると、江戸期の岸和田藩の〈七人庄屋〉は、北斗鎮護の神法で「七」によって魔を退けようとして置かれたような気がしてくるし、実は七体しか地蔵がない〈八ツ地蔵〉の縁起も怪しく思えてくるのだが……。

そして、中国の陰陽思想の影響を受けていると思しき、雨山の〈七曲り〉。

すべては単なる偶然なのかもしれない。思い込みは禁物だ。しかし、「七」が多すぎる。土地が自ら意志を持って、新たな〈七人御先〉を作ろうとした？　そんな馬鹿な……。

連続死事件や心霊スポットのデマを科学的に解明するとしたら、シンナーの幻覚作用によって説明がつきそうな気がする。

シンナーには幻覚を伴う妄想を惹起する作用があり、一九九二年十二月には茨城県の水戸市でマンションの屋上からシンナー中毒の女子中学生五人が飛び降りて自殺を図るという事件も起きた。

その他にも四人で車ごと海にダイブして死んでしまった事件（一九八九年、愛知県）や、幻覚に襲われ「やられる前にやってしまおう」と包丁で新聞配達少年を刺殺した通り魔事件（一九八四年、群馬県）など、シンナーによる妄想や幻覚、あるいは錯乱に原因があったと思われる事件は少なくない。ことに自殺は本当に多い。

六人目の市職員と七人目の女子大生は違うが、連続死した残りの五人は皆、顔見知りで、全員シンナーの常習者だった。

彼らのシンナー仲間は、後にこう語っている。

「あれをやると、普通では考えられんような理屈に動かされることがある」

「たとえば塀の外にこちらからは見えないが、『人が死んどる』ような『感じ』がする。そこへたまたまカラスが飛んできたりすると、『やっぱりや』と思い込んでしまうようなことがある」

「『どないに頑張って仕事しても、俺ら結局あかんのと違うか』みたいな『感じ』があって、シンナー仲間の一人が死んだとき、頭に飛び込んできたその『やっぱり』に動かされてしまったのではないかと」（『不思議ナックルズvol・5』より）

私は精神科医ではなく、その手の本の愛読者であるというだけの半端な知識しか持ち合わせないが、自分とは関係ないはずの出来事が自分と関係があるかのように思えたり、特別な意味があるように感じたりする「関係念慮」という心理的状況があることは知っている。

うっすらとした絶望の予感のようなものがベースにあり、仲間の死が引き金になってシンナー中毒の副作用による関係念慮が起きて、やはり死ぬしかないのだから死んでしまおうという衝動の虜《とりこ》になるというのは、充分に現実味のあるストーリーだと感じる。

……と、色々考えても、どうしても説明のつかないことは残る。

後ろ手に縛って首吊りをする。

梯子がなければ手が届かないような高い枝に自分のシャツを巻き付けて首を吊る。自ら胸を刺して失血死する。「違う、違う」と謎めいたメッセージを遺して。ほぼ七日ごとの死は偶然だとしても、やはり不思議な事件だと思う。「白い車」や「黒い車」は何だったのか。

古来、水は命の元であると同時に、死を予感させる恐ろしいものでもあった。山道にかける七曲りの呪いは、山の治水、つまり大雨の際の土砂崩れを防ぐ合理的な意味もあったという説がある。

溜め池の水は、古事記の昔から人里の命綱だった。しかし長い時が過ぎ、雨乞いの神事は廃止され、闇淤加美神は忘れられた。

そのとき怪しい心霊スポットが現れ、不可思議な事件が起きたのは、偶然とばかりは言えないかもしれない。

いにしえの人ならば、大事な溜め池でシンナー遊びのような悪さをしたであろうか？

水神を畏れ敬う気持ちを人心が忘れた頃、町には大きな道路が出来て、暮らしはより便利になった。道路脇の古い寺院の故事来歴を知る者は少なくなり、勘違いの心霊スポット呼ばわりをされたあげくに不審火で焼かれてしまった。

呪文のような〈七曲り〉の俗謡を歌いながら山道を登るかわりに、少年たちはシンナーに酔ってオートバイで暴走するようになった。

そして今、シンナー遊びをする若者はほとんどいない。

暴走族も滅多に見かけることがない。

やがては熊取町で起きた連続死事件も、昔の奇譚のひとつになっていくに違いない。町民憲章の一行目には、こう謳われている。

「私たちは古い歴史と輝かしい未来をもつ熊取町の町民です」

悠久の時の中では、今の出来事も未来の神話のようである。

○五　鍵付きの時代箪笥

私の友人、村岡さんは、去年、箪笥《たんす》を手放した。私が紹介した店で購入した箪笥だという。村岡さんがうちに遊びに来た際に箪笥を見て惚れ込み、褒めそやした挙句、こういうものはどこへ行けば手に入れられるのかと私に訊ねたのは、二〇一五年の春頃のことだ。お気に入りの箪笥を褒められて、気分良く村岡さんに買った店を教えたのだが、それきり忘れていた。買ってすぐに知らせてくれていたら憶えていただろうが、当時連絡はなかった。それが、あれから一年以上経った二〇一六年の秋になって急に電話を掛けてきて、

「手放した」

と報告してきたので、面食らった。いったいどういうわけだろうと電話の村岡さんの声を聞きながら首をひねっていたところ、

「まり子さんのところでは、箪笥を買ってから何かおかしなことは起こらなかった?」

と訊ねられた。こんな質問をするということは、彼女は箪笥を購入して以来、変事に遭っ

たのだろうと察して、そう問い返したところ案の定だった。

「女の人が出てくる夢を何べんも見て、引き出しの板と板の隙間から長い髪の毛がズルズル出てきて、とうとう幽霊も見ちゃった。古い箪笥はもうこりごり!」

ちなみに、彼女が魅了された私の箪笥というのは、古い家具を専門に扱う店で購入した、通称〈時代箪笥〉と呼ばれる骨董品だ。

黒漆を焼きつけた鉄の装飾金具があちこちに打ちつけられ、飴色に使いこまれた総桐の衣装箪笥で、和のアンティーク特有の趣《おもむき》があるが、洋間に置くと、これがなかなかお洒落な雰囲気を演出してくれる。

何より、一〇〇年かあるいはもっと長い歳月と、代々の持ち主の手によって磨き抜かれた風格が魅力的だと私は思う。しかし、どこにでも売っているというものではない。だから村岡さんは、迷わず私が紹介した店へ行った。

店を訪ねたのは仕事を終えた金曜の夜で、閉店間際に滑り込んだそうだ。そこは郊外の国道沿いにあり、古い家具を販売するだけではなく、店舗の裏には倉庫と職人が何人かいる工房があり、家具の買い取りやリストアも行っている。

お抱えの目利きが日本全国各地をまわって、骨董的な価値がある家具を買い取ってきては丁寧に直し、売りに出しているのだ。私が買った時代箪笥は明治末期か大正の初めの頃に作られたものだが、村岡さんが目に留めた簞笥は幕末頃のものだった。

一般に、時代簞笥というものは、古い時代の品であればあるほど、金具などの装飾が精緻で華やかな場合が多い。村岡さんが気に入ったそれも、引き出し前面の飾り金具全体に四季の花々と唐草模様が彫り込まれていて、たいへん美麗なデザインだったという。

店員の説明によれば、江戸末期に鎌倉市内の資産家が娘の嫁入り道具として作らせたものだろうということだった。

唐草模様というのは、唐草、つまり蔓草《つるくさ》の生命力の強さにあやかって、家族の繁栄を願う意味を込められた文様だといわれるから、娘が丈夫な子を無事に産んで、子孫代々末永く暮らせるようにという親心を表したものかもしれない。

——と、店員は村岡さんに説明した。さらに店員は、

「その家の女たちが代々使っていたものと推測されるが、いつからか長らく蔵にしまいこんだまま、近年では存在すら忘れられていたらしい」とか、「時代の流れで家は没落し、つい最近、廃屋となっていた蔵を解体する作業中に、この簞笥が発見された」とか、滔々《とうとう》と解説を述べた。

けれども、講釈を拝聴しつつ村岡さんがつぶさに観察してみたら、簞笥はかなり傷んでいた。

これにはがっかりして、店員にそのことを指摘すると、時間を掛けて修繕すれば大丈夫という答えが返された。元よりその予定だった、と。

「充分、使用に耐えるように出来ます。おまけに、この簞笥には、鍵が残っておりまして

……滅多にないことなんですよ」

「鍵ですか？」

「はい。この種の箪笥の引き出しには、本来、鍵が付いていたことが多いのです。でも、一〇〇年余りを経るうちに、紛失されてしまっている場合がほとんどで、元の鍵が付いているものは、それだけ希少価値が高いと言えます」

「そうなんですか」

「ただし、これは、いちばん上の段にしか掛けられないんですがね。珍しい造りです。親から子へ引き継ぐ婚礼衣装か何か、特別な着物を入れるためだったのかもしれません」

村岡さんは、店員に件《くだん》の鍵を見せてもらった。

円い持ち手に、蔓草で蝶を囲んだ見事な意匠がほどこされた黒い鍵だった。引き出し側の鍵穴のある飾り金具には花が彫られているから、鍵を差しこめば花に蝶がとまるという、何やら色っぽい感じがしないでもない寓意が込められているようだ。

鍵の長さは持ち手も入れて五センチほどあり、掌にのせてみるとしっくりと馴染むように感じ、ぜひ、箪笥ごと手に入れたくなったという。値段を訊ねてみたら、少し高いが、買えないこともない金額を告げられた。

村岡さんは新卒採用で正社員になった会社員で、五〇近くなる今日まで独身であり、浪費癖もないことからそれなりに蓄えもある。それでもまだ躊躇《ちゅうちょ》していると、店員は、彼女の心を見透かしたかのように微笑した。

「店頭に出せば、この状態のままでも、すぐに売れてしまう品物です。本当は明日から店に出すつもりで、配置を考えていたところだったんです。でも、そこへお客さまがいらっしゃって興味を示された……。こういう物とは〝出逢い〟ですから、ぜひ、前向きにご検討してみられてはいかがでしょう」

〝出逢い〟という言葉に村岡さんは痺れてしまった。ただの物を買うのではない。この箪笥は長く生きた人間のようにロマンを背負っている。ロマン、すなわち物語。それを手に入れるのだ。

私も人のことは言えないが、村岡さんには今でも夢見がちな乙女みたいなところがあり、ロマンチックな想像を掻き立てるものに弱い。その場で手つけ金を支払い、修繕が終わったら残金と送料を支払う約束をした。リストアの仕上がりが気に入らなくて購入を取りやめることにした場合には、手つけ金は返してもらえることになっていた。

「ところが、それから音沙汰がなくて、半年以上も待たされたのよ」

電話口から憤懣やるかたないといった声がして少し困惑した。

「うーん。よくわかんないけど、時代箪笥の修繕って特殊な技術が必要で、相当、時間がかかるものなんじゃないの？」

「そうかも。でも私は痺れを切らして、電話で仕上がりはいつになるか問い合わせた。そしたら返答がなんだか曖昧だったから、お店にようすを見に行ったの。すると、簞笥を勧めてきた店員はあのあと急に店を辞めて、修理をしていた職人も病気になって休んでるってことがわかって……。もう、びっくりするやら腹が立つやらで、簞笥は今どうなってるのか問い質しちゃった。そしたら、他の職人にバトンタッチして作業を進めているということだったけど……」

村岡さんは不信感を拭えず、作業場で修理中の簞笥を見せてもらったという。

「すごく綺麗になってて、現金なようだけど、見た途端に感動して、許しちゃった。すぐ持って帰りたいぐらいだった。でも、まだ直すところがあると言われて、今度は何か月でも大人しく待とうと思った」

村岡さんは、都心にある自宅マンションで簞笥の到着を待った。

簞笥を置く予定の場所を掃除したり、どの服をしまうかと計画を立てたりしながら、待ち遠しくてならなかったという。

簞笥が村岡さんの家に届いたのは、それから二か月後の日曜日のことだった。寝室に運び入れて、洋服をしまってみると、思っていた以上に使い勝手も良さそうで、いい買い物をしたと確信した。

簞笥の上に布を敷き、上に造花を挿した花瓶を飾ると、部屋全体が素敵になったように感じた。

村岡さんが買ったのは、四段の引き出し箪笥だったという。

こういう箪笥は、一段一段が、猫や小型犬、人でも幼児なら隠れられるぐらい深い。だから、四段ならば、高さは彼女の鳩尾《みぞおち》に達するぐらいだっただろう。

たしかに、上に何か飾りたくなる高さである。すっかり嬉しくなった村岡さんは、あとでブログに載せるつもりで箪笥の写真をスマートフォンで撮った。ところが、夜になって、いざブログに載せようと思ったら、写真のデータが消えてしまっていた。

うっかりしてデータを保存し忘れたのだろうと思い、もう一度撮ってみたところ、画像データが保存されなくなっていることに気がついた。どうやら、スマホが故障してしまったようだと彼女は判断した。

デジタルカメラで撮り直そうかとも考えたが、もう夜遅く、翌日は出勤日だったので、村岡さんは、そのときは箪笥の写真を撮るのをいったんあきらめて、寝ることにした。

そして、さっそく箪笥の引き出しを開けて、今日しまったばかりの寝巻を取りだした。寝巻を持ってバスルームの脱衣場に行き、入浴してからそれに着替えて、寝室に戻った。

「そしたら、引き出しが開いてたの」

寝巻を出した後で、その引き出しを閉めたとばかり思っていたのだが、勘違いだったのだろうか？　首をひねりながら、引き出しを閉めた——すると、「キュッ」と小さな音がして、別の段の引き出しがうっすらと開いた。

これは別段、不思議なことではない。きちんと作られた桐の箪笥は気密性が高いので、勢いよく引き出しを閉めると、別の引き出しが空気に押し出されて開いてしまうものなのだ。

ただ、そのとき開いたのは、鍵を掛けられる唯一の引き出しだった。

「せっかく鍵が掛かるんだから大事なものをしまっておこうと考えたんだけど、使いみちを思いつかなくて、鍵だけ入れておいたの。だから、引き出しが開いたら、真ん中にポツンと鍵が在るわけよ」

村岡さんは、これを使えと誰かに言われているように感じて鍵を手に取り、その引き出しを閉めて鍵を掛けた。そして鍵を花瓶の横に置いて、寝てしまった。

その夜、村岡さんは夢を見た。手に入れたばかりの箪笥のそばに女が立ち、鍵を手に取って、いちばん上の引き出しを開き、中に手を入れて何か探している。そんな夢だった。

村岡さんの言葉を借りれば、女は「大正ロマン風の、耳が隠れる髪型」に髪を結っており、「大きな弓矢の羽の形をした連続柄の、お洒落な」着物を着ていた。

私が思うに、その髪型は「耳隠し」と言って、大正末期に大流行したヘアスタイルだ。

そして着物の方は矢絣柄《やがすりがら》の銘仙《めいせん》だろう。ちなみに矢絣柄は、矢羽根の模様を表した絣柄で、かつては、ひとたび弓で射られた矢が決して戻ってこないことから「出戻らない」という意味を込めて嫁入りの支度に持たせた縁起柄だ。

また、銘仙は絣模様が特徴的な平織りの絹織物で、大正時代以降、第二次世界大戦前までは、女性の普段着や格式ばらないお洒落着用の着物地として全国に普及していた。銘仙には鮮やかな色合いや大胆な柄行きのものが多く、今、見ても実にモダンで洒落ている。つまり、村岡さんが夢で見た女性は、どうやら大正から昭和の初期頃の女性のようなのだ。

もっとも、村岡さんはそんなこととは知らず、「昔の女の人みたい」と思っただけだったそうだ。

翌朝、目が覚めてもなんとなく夢のことを記憶していた村岡さんは、さっそく簞笥のようすを確かめた。

すると、確かに昨夜、花瓶の横に置いたはずの鍵が見当たらない。もしやまたしても思い違いをして、鍵を掛けたつもりが掛けていなかったのかと思い、いちばん上の引き出しの取っ手を引いてみたが、やはり施錠されていて、びくとも動かない。

鍵がないと開けられないので、村岡さんは必死で探した。が、見つけられないまま、出勤する時刻が迫ってきてしまった。仕事中も鍵のことが頭を去らず、帰宅するとすぐに再び探しはじめた。しかし、見つからない。

「しょうがないから、寝ることにして……すると、また夢を見たの」

今度の夢でも、昨夜と同じ女性が引き出しの中を探っていたが、最後は何かを見つけたようで安心した表情になり、引き出しを閉めて、鍵を花瓶の中に入れた。

「普段は夢の内容なんて憶えていられないのに、この女の人の夢だけは時間が経ってもはっきり思い出せる。それも不思議なことなんだけど、それより何より、本当に花瓶の中から鍵が出てきたのが不思議議だった」

「でも、また勘違いしてたという可能性もなくはないわよね？　花瓶の横に置いたつもりで、中に入れてしまったのかも」

「うん、前の日に鍵を探したとき、花瓶の中は見落としてたから、余計にその可能性は高いと思った。それに、本当に花瓶の横に置いたとしたら、幽霊が鍵を動かしたみたいで、怖いでしょ？　だからあのときは、寝ぼけてうっかり花瓶の中に落としちゃったんだと無理矢理にでも思うことにしたのよ」

村岡さんは、昔の女の人と箪笥の夢を、その後も見続けた。ただ、初めは二日連続して見たのが、次第に間遠になっていったという。

内容はいつも似通っていて、女性が鍵を使って、いちばん上の引き出しを開けて中を見ているか、あるいは、中を見た後、何か満足したようで、引き出しを閉めて鍵を掛けるか——だったのだが——。

箪笥が来てから三か月が経った頃、夢の内容が変わった。

「きっかけは、あの引き出しを使おうとしたからじゃないかなぁ」

村岡さん曰く、はじめのうちは夢のせいで引き出しを使うのが怖く、ずっと空けていたのだとか。しかし、いい加減、不思議な夢にも慣れた。

「綺麗な女の人だし、引き出しを開けたり閉めたりしてるだけだから、夢の内容自体はべつに怖くないでしょ？　置いたと思った鍵が花瓶に入ってたことは自分の思い違いだったと信じて疑わないようになってたし、あれ以来、鍵が行方不明になることもなかったし」

夏になると、村岡さんは二〇年ぶりに浴衣を新調した。その収納場所として、引き出しはうってつけだった。

「久方ぶりに浴衣を買ったのは、夢であの女の人を見ていたせいかも……。怖くなくなるにつれ、お着物も素敵だなぁなんて、のんびりしたことを思うようになってたから」

そんな折、デパートの浴衣市の広告を新聞の折り込みチラシで見て、たまらなく浴衣が欲しくなった。宣伝を載せていたデパートへ行き、浴衣や帯などをひと揃い買い求めて、家へ持ち帰った。

「買うとき、どこにしまおうかなぁと考えて、いちばん上の空いてる引き出しがちょうどいいと思いついて」

帰るとすぐに引き出しに浴衣をしまった。鍵は掛けなかった。

「その頃には、鍵を箪笥の上に飾るようになってたの。青磁の銘々皿に載せて、花瓶の横に置いてた。浴衣なんて盗る人もいないと思うから、鍵はそのまま」

村岡さんは私に、あの引き出しを空けたままにしておけばよかったと後悔していると打ち明けた。

「そうすれば、例の夢はときどき見たかもしれないけど、それだけで済んだのかもしれない」

浴衣をしまった日の深夜、大きな物音がして村岡さんは飛び起きた。明かりをすべて消して寝る習慣だが、カーテンを透かして外の明かりがうっすらと入ってきている。ベッドの上に身を起こし、青く沈んだような薄暗い室内に目を凝らすと、簞笥のそばに人のシルエットが確認できた。

「思わず悲鳴をあげたら、そいつがこっちに向かってきたのよ!」

音もなく、スーッと飛んでくるようだったという。村岡さんは咄嗟《とっさ》に掛け布団を頭から引っ被った。そのまま、薄い夏掛け布団の中が外の陽射しで明るんでくるまで、ガタガタ震えていた。

朝になり、おそるおそる布団から頭を出すと、怪しい人影はなかったが、簞笥のいちばん上の引き出しが引き抜かれて床に落ちていた。大きな音の正体はこれだと思った。引き出しが床に落ちた音だったのだ、と。

さらに、しまっておいた浴衣や帯はすべて出されて、あたりに散乱していた。

「恐ろしくなって、もう、そこにはしまえなかった。浴衣だけじゃなく何も」

引き出しは再び空けたままにするしかない。それにしても、この引き出しに何があるというのだろう? 村岡さんは夢の中で着物の女性が取っていた行動を思い返してみた。

——引き出しの奥に手を入れて、何かを探しているようだった。空の引き出しは、桐の木が芳しく香るだけで、一見、何の変哲もなかった。

しかし、中に顔を突っ込むようにして隅々まで検めたところ、左奥の角に黒い棘《とげ》のようなものが一、二ミリ飛びだしていた。木目の色ムラかと思ってしまうほど目立たない。が、よく見れば、細い棘か糸屑《いとくず》のようなものだとわかった。

指では抓《つま》めないほど小さいので、毛抜きで抓んで引っ張った。すると、はたしてそれは、板と板の隙間から、ズズズッと長く引き出されてきた。

細く黒い絹糸のようなもの。

どう見ても髪の毛だ。

途中からは何本も絡まり、しまいには、ズルズルズルズルーッともつれあった塊が隙間から出てきた。

——長さ五〇センチぐらいの漆黒の髪の束だった。

彼女はそれを、震える手で紙に包み、引き出しに入れて鍵を掛けた。とりあえず目に入らないところにやったつもりだった。無論、すぐに捨てたいのはやまやまだった。しかし供養などをしなければ、バチが当たるのではないか。そんなことを思って、一時凌ぎの措置として、引き出しにしまったのだそうだ。また、すでにこのとき、簞笥を手放すことを考えていたという。

そして、村岡さんは出勤したそうだ。電話口の彼女は「どんなときでも会社はあるのよ」と言って、乾いた笑い声を立てた。夜、仕事から帰ってくると、玄関を入ったときから何か異様な雰囲気を感じて、両腕にびっしりと鳥肌が立った。

厭な予感に引き摺られるように、あの簞笥のある寝室へ向かう。

「着物の女の人が、簞笥の引き出しにしがみついて何かしてた。そして私に気づいて振り向いて睨みつけてきたから……それで、私、たぶん恐怖のあまり気を失いかけたんだと思うけど、気がついたら、うずくまって頭を抱えて目を瞑ってた」

そんな村岡さんの肩に女は手を掛け、耳もとで囁いた。

「『……ったら許さない』と聞こえたわ。ナニナニやったら許さないって。肝腎のナニナニの部分が聴き取れなかった」

女の気配が消え、しばらくして村岡さんは目を開けた。引き出しの中に千切れた包み紙が散乱し、奥の方で黒髪がモシャモシャともつれあっていた。

髪は、再び板の隙間に押し込まれかけていたという。

○六　いちまさん

母方の祖父母のうちに、祖母が〈いちまさん〉と呼んでいる古い市松人形があった。戦前、祖父母一家が仙台に住んでいた頃からあったものだといい、古びてはいたが傷んでおらず、大きくてとても立派な人形だった。

足から頭の天辺まで、六〇センチぐらいもあったろうか。抱かせてもらったことはあるが、子供が遊ぶには不向きな骨董品で、いつも奥座敷の棚に飾られていた。

幼い頃、私は〈いちまさん〉を眺めるのが好きだった。妹が生まれる前や直後に、数日から数週間、飛び飛びに祖父母の家に預けられることがあり、当時三歳だった私はよく〈いちまさん〉に話しかけていた。

ときどき〈いちまさん〉の表情が動くように感じたことを今でも憶えている。

幼児の「ごっこ遊び」は真剣なもので、ぬいぐるみでも人形でも、ときには返事すら寄越すように当人には感じられるものだ。本当に動いたり喋ったりするわけはないのだが、子供は自分の創った世界にどっぷり浸かっているので、動いたり喋ったりしたと信じ込む。〈いちまさん〉は、その頃の私の中では、お姫さまだった。何しろ、うっとりするほど綺麗で気品に満ち溢れていたので。縮緬《ちりめん》に刺繡を施した豪華な振り袖、静かな艶を浮かべた漆黒の髪、梨地の美しい肌。

姿は今でも憶えているのに、現在、〈いちまさん〉が何処に居るのかは知らない。祖母も祖父も亡くなり、あのときの家もとり壊され、建て直されて久しい。

つい先だって、その〈いちまさん〉とそっくりな人形の話を聞いた。大きさや髪型、縮緬の着物を着ているところなどが同じで、偶然にも、それも元の持ち主から〈いちまさん〉と呼ばれていたという。

語ってくれたのは、以前、都内にあるアンティークの人形専門店で店員のアルバイトをしていた、神田さんという二〇代の男性だ。神田さんは骨董鑑定士をめざして現在も修行中で、その店にも修行を積むために入ったのだという。

「あと半年勤めれば正社員にしてもらえることになっていて、そのつもりだったのですが、結局、いちまさんのせいで辞めてしまいました」

そこの店主は骨董人形、ことに市松人形をはじめとする日本人形の目利きであり、古い人形の買い取りや委託販売、鑑定もした。

ある日、店主は、五〇過ぎの年輩の中年女性から市松人形の鑑定を依頼された。

電話やメールで店主と女性がやり取りをした結果、件《くだん》の人形が明治時代の名匠・大豊軒東玉によって作られた市松人形だとわかり、見せてもらうだけでも価値があると言って店主は喜んだ。

はたして、その人形が持ち主によって店に持ってこられてみると、保存状態も申し分なく、素晴らしい逸品であった。店主は、ぜひ買い取らせてほしいと願い出た。しかし、持ち主の女性は、なかなか首を縦に振らなかった。

「あのときは、店のご主人も僕も、さては値段を吊り上げるつもりだなと思いました。だけど本当に滅多に出てこない希少な人形だし、ご主人は根っからの人形好きで、どうしても手もとに置きたかったから、相場より高い値段を言って、強引に買い取らせてもらおうとしたんです」

すると、女性は困った顔をして、奇妙なことを話しはじめた。

――この〈いちまさん〉があなたを好《よ》いと思うかどうかわかりませんから、私の一存で決めてしまうわけにもまいりません。鑑定してもらおうと思ったのは、自分は病気で、もう命が長くないとわかったからです。だからいずれ近いうちに、この〈いちまさん〉を可愛がってくれる誰かに譲るつもりでしたが、譲るあてはとくにこれといってないので、あなたでも構いません。でも、〈いちまさん〉が、どうしてもここは厭だとなったら、きっと無理ですから。

「人形に意思があると信じているようでした。でも、僕は、その店で積んだそれまでの経験から、ご自分の人形をまるで人間扱いしている人形愛好家が珍しくないことは知っていました。だからそのときは、ああ、この女性もそうなんだな、と思っただけでした」

そして、女性は人形を店主に託して帰っていった。どうしても〈いちまさん〉を手に入れたい店主は、自ら提示した高額な買い取り価格の半額を女性に持たせたが、彼女は最初は固辞し、それでも、と店主が迫ると渋々受け取ったのだという。

――では〈いちまさん〉をお預けします。しばらくしたら、ようすを見にうかがいます。そのとき、〈いちまさん〉が厭がっているようでしたら、このお金はあなたにお返しして、この子をお譲りできる方を別に探します。

神田さんは、ずいぶん頑固な人だなと感じたが、マニアックな人形好きで変わり者なのだと決めつけていたから、さして疑問に感じることもなかった。店主は、これでもう〈いちまさん〉は手に入れたも同然だと言って、ホクホク顔だった。

店主は、さっそく〈いちまさん〉の着物を修繕することに決め、その許可を持ち主の女性から取った。私物にするにせよ、商品として売りに出すにせよ、少々手入れしてブラッシュアップする必要があった。

いくらコンディションが良いとは言え、着物を脱がせて仔細に点検すれば、虫喰いの穴や糸のほつれなど、気になるところが見つかったのだ。

店主自身、古い日本人形の着物を縫うことが出来たが、この〈いちまさん〉のように特別に貴重な人形については、専門の職人に着物などを直させていた。すぐに職人が店に呼ばれ、店主と人形を挟んで、ああでもないこうでもないと打ち合わせした挙句、〈いちまさん〉をいったん職人に預けることになった。

職人が、作業の途中途中で着物を着せつけてみて、ようすを見ながら、着物や帯を修理したいと主張したためだった。

別れ際、店主は、「いちまさん、無事に帰っておいでよ」と人形に語りかけた。

それから三日後、〈いちまさん〉を預けた職人から店に電話があり、店主が留守だったので、神田さんが対応した。

職人は、もうこれ以上うちの工房に〈いちまさん〉を置いておくことは出来ないから、今すぐそっちへ持っていくと、有無を言わせない口調で一息に述べて、電話を切ってしまった。〈いちまさん〉を工房へ持っていくときに、着物が仕上がるまで最低でも五日はかかると言っていたので、神田さんは驚き、外出中の店主にすぐに電話でこのことを知らせた。

急いで戻ってきた店主と、〈いちまさん〉を納めた箱を抱えた職人は、ほぼ同時に店に着いた。まだ昼間だったが、急きょ閉店の札を下げ、神田さんも交えて三人で、店の奥の座敷で〈いちまさん〉の箱を取り囲んだ。

「職人さんが、ただならぬようすだったんです。徹夜で着物を仕上げたと言って、ひどく憔悴しているだけでなく、顔が引き攣《つ》っていて。何があったのかとご主人が訊ねたら、まずはこれを見てほしいと……箱の蓋を開けて、人形を包んでいた布を解きました」

現れた〈いちまさん〉の顔を見て、神田さんも店主も息を呑んだ。送り出したときとは、明らかに表情が違っていたのだ。今にも泣きだしそうに引き歪んでいたという。

職人によると、顔つきが刻々と変わる〈いちまさん〉のことが怖くなり、出来るだけ早く返すために夜を徹して作業をして仕上げたとのことだった。その話を聞いて、店主は〈いちまさん〉に頭を下げた。

――すまない。私が悪かった。うちに連れて来られたと思ったら、すぐに他所にやられて、さぞ怖かっただろうね。気遣いが足りなかった。

そして店主は〈いちまさん〉を優しくそっと抱きあげた。すると、たちまち〈いちまさん〉の表情が、元のように和やかに変わった。

この怪異を目の当たりにして、神田さんは〈いちまさん〉が怖くなってしまった。店主は骨董人形の査定や買い取りで呼び出されることも多く、他に店員もいなかったから、神田さんはちょくちょく独りで店番をさせられた。独りになると怖さが増した。

店主の意向で、〈いちまさん〉には非売品の札を付けたうえで、陽の当らない、売り場の奥の方にある豪奢《ごうしゃ》な肘掛椅子《ひじかけいす》に座らせることになった。特段の扱いだった。

ふつうは、ある程度以上古くてレアな人形であれば、ガラスの展示用ケースに入れるか、桐の箱に仕舞いこむかするのだが。

「そんなことしたら〈いちまさん〉が可哀想だと。ご主人がそんなふうに人間扱いするものだから、僕にもそれが伝染《うつ》ったのか、店にいるといつも〈いちまさん〉の視線を感じるようになってきたんですよ。それがまた、何かこう、絡みつくような、ねっとりした感じで……大人の女性の、色っぽい眼差しみたいな……」

市松人形に多い幼女の姿を模した〈いちまさん〉なのだが、神田さんは艶っぽい秋波《しゅうは》を送られているように思い、なおのこと恐ろしくなってしまった。

また、日が経つにつれ、店主の神田さんに対する態度も変化していったのだという。

——私の留守中に、〈いちまさん〉に触らなかっただろうね？

そんなことをたびたび問い質されるうち、神田さんは店主に嫉妬されていることに気づいた。

「もう我慢できませんでした。それで、アルバイトを辞めたいと言ったところ、ご主人はホッとした顔をして、僕が頼んでもないのに、表向きは店の都合で仕方なく辞めたことにしようと申し出てくれたんですよ。ご主人の知り合いの骨董美術の店に紹介状を書いてもらえることになって……でも、それからも代わりのアルバイトが見つかるまで一週間ぐらい働きました」

その間に、〈いちまさん〉の元の持ち主の女性が来店した。彼女は、以前は持っていなかった杖をついて現れ、見るからに体が弱っているようすだった。そして、店主が〈いちまさん〉と引き合わせると、我が子を諭すかのように〈いちまさん〉に語りかけはじめた。

――わがままを言っちゃいけませんよ。望まれてもらっていただくのが、幸せになる道なんですから。

その後、神田さんが店を去る寸前、店主に挨拶しようとすると、店主は〈いちまさん〉を抱きかかえて店の外まで出てきて、

――〈いちまさん〉も、さようならを言おうね。

と、人形に向かって囁いた。

そのとき〈いちまさん〉は、はっきりと泣き顔になっていたという。

こんなことがあって以来、神田さんは古い市松人形がすっかり苦手になってしまい、今は壺や茶碗など陶磁器専門の骨董屋で働いている。

○七　人形心中

のっけから尾籠《びろう》な話をするようで恐縮なのだが、セックストイやアダルトグッズの類《たぐい》に、「リアルドール」、あるいは「ラブドール」と呼ばれる愛玩用の人形がある。

古くは「ダッチワイフ」と呼ばれたもので、稀に女性の愛好家もいるようだが、愛玩するのは主に男性で、性的な使用に適した造作を備えている。

もっとも、ダッチワイフという呼称が一般的だった昭和時代と昨今のリアルドールとは、使用目的や機能はともかく、外見においては隔世の感が著しく、一見して別の種類のもののようになっている。

稚拙なビニール製の空気人形に過ぎなかった前者と違い、現代のリアルドールは、ほとんどが上質なシリコーン製であり、造作といい肌の質感といい、人体をよく再現しているのだ。

そのうえ、多くは、性的ではない目的での鑑賞にも堪えうる美を備えている。

近年では、「女優の●●さんにそっくりなリアルドール」が発売されて話題になることもある。しかし、週刊誌の記事にまでなったが、名指しされた女優が名誉毀損《きそん》で訴えたという話はついぞ聞かない。

展示会なども時折行われ、一般の若い女性も見物に訪れるとも聞く。

それもこれも、リアルドールが造形的に美しく、そして本物の人間そっくりであるという点において驚異的だからだろう。さらに、性行為を連想させることが、妖しく暗い魅力を伴わせていることも想像に難くない。

世界中でリアルドールは製造されているが、いろいろ見比べてみるにつけ、日本のリアルドールの水準は比較的に高いように思われる。

細かな作業を得意とする民族性にこの説明を求める意見が多いことが想定できる。

が、私は、江戸時代以来の人形文化が今に伝承しているのではないかと考えている。

伝承というのは、直接、職人の技を伝えてもらうことばかりではない。

目で見て、記憶に刻み、知らないうちに血肉となって、無意識に範とすることも含まれると思う。

そういう意味では、日本のリアルドールは優れた先達に恵まれた。

江戸時代の初め頃から人形の見世物興行はあったが、幕末に近くなるにつれ、次第に大がかりになって人気を博し、それと同時に、全国に名を轟かす名人形師が現れてきた。

わけても、一八五二年（嘉永五年）から一八五四年（嘉永七、安政元年）にかけては等身大のリアルな人形を作る人形師の当たり年で、大坂で興行した大江新兵衛、江戸・両国で人気となった京都出身の大石眼竜斎、大坂・難波新地で見世物をした九州・肥後熊本出身の松本喜三郎らが次々に現れて世間の評判をさらった。

中でも、松本喜三郎は、自作のリアルな人形を自ら〈活人形《いきにんぎょう》〉と名付け、一八五四年の大坂興行に続いて翌年には江戸・浅草観音の御開帳に当てて興行をし、さらに一八五六年（安政三年）には浅草奥山で興行をして、絶大な人気を博したという。

その後も明治時代まで、安本亀八、半田郷陽など、リアルさを追求した作風の人形師が活躍しつづけた。

彼らの遺した人形を、どこかで目にしたことがある人はたいへん多い。

いずれも、一度見たら忘れられない強烈な印象を持つ人形たちである。

リアルドールの型を作る造形作家の中には、多感な時期に〈活人形〉を目にした者もいよう……というのは私の想像に過ぎないが、それを重々承知のうえで、リアルドールと江戸の活人形を結び付けたくなることには理由がある。

作家で評論家の須永朝彦が江戸期の奇譚約一八〇篇を編纂した『江戸奇談怪談集』という本があり、その中に、井原西鶴が著した『男色大鑑《なんしょくおおかがみ》』の八巻にある「人形の恋（原題は「執念は箱入りの男」）」という怪異譚が収められている。

『男色大鑑』が出版されたのは一六八七年（貞享四年）。〈活人形〉ブームの約二〇〇年前だ。しかし、当時から人間そっくりな外観を備えた人形が存在していたことは、「人形の恋」を読めばわかる。

そして、この話に似通った体験談をこのたび私は入手して、昔と現代とが、人形と恋愛を軸としてピタリと焦点が合わさったように感じているのだ。

「人形の恋」は、若衆の千人斬りを成し遂げたと豪語する西鶴が語り手となって、京都・加茂河原の茶屋の座敷に野郎歌舞伎の若衆五人を招いて、知人四人と遊興した際に遭遇した奇怪な出来事が綴られている。

五人の少年俳優の中でも、抜きんでて美形だったのが竹中吉三郎と藤田吉三郎で、西鶴は「神代このかた古今の稀者」と褒めちぎっており、このあたりの描写は有頂天きわまっている。

その他の少年も皆、座持ちのする芸達者ぞろいとあって、京の夜は更け、ついに一番鶏の鳴き声が聞こえてきた。

と、そこへ、妖しい使者が訪れて、贈り主のわからぬ箱を一同の座敷に届ける。

誰も箱を開けようとせず、放っておくうちに、やがて少年俳優らの迎え駕籠《かご》がやってきて、少年らは去り、西鶴と悪友たちは仕方なく床に入る。

ところが、ようやくうつらうつらしかけたとき、さっきの箱から声がした。

「吉三《きちさ》、吉三」

さらには、箱の中から物が動くような音もして、不気味に思いながら、皆起き出した。気の強い一人が箱の蓋を取ったところ、若衆人形が納まっていた。そのようすは、「いかなる人形師の作であろうか、目つきや手足の力みなどさながら生ける者のようである」と描かれている。

人形には手紙が添えられていて、これをこしらえた人形師の体験談が書かれていた。なんでも、人形師によれば、この人形は心を込めて作り店の看板としていた傑作だが、いつ頃からか、魂があるかのように動きだして、最近では衆道に目覚め、夜ごと、通りすがりの少年俳優の名を呼ぶようになったのだという。恐くなって河に流したが、二度、三度、流しても、戻ってきてしまう。困り果てていたところ、たまたま藤田・竹中の二人が、この座敷に入るところを見たので、届けた次第である――。

してみると、この人形が藤田吉三郎と竹中吉三郎を恋い慕って、箱の中から「吉三、吉三」と呼ばわったのに違いない。

そこで、居合わせた中でも豪胆な男が人形の前に立ち、両方の吉三郎に思い入れがあるのか問うたところ、すぐさま、人形がうなずいたのだという。

結局、西鶴たちは、二人の吉三郎はとてつもない人気者であり、恋敵が大勢いるのだから想いを遂げるのは無理であると人形に説いて、片想いを諦めさせる。

そして西鶴は、「人形ですらこんな聞き分けがいいのに、一生使っても目減りしない金の延べ棒があれば二人の吉三郎を天秤棒のようにして我が物にしたい（と思っている）」などと、しょうもない自分を茶化して話を括る。

と、まあ、西鶴の人形譚は仄暗《ほのぐら》い中にもユーモアのある大人の小咄《こばなし》に仕上がっているのだが、もしも執着を抱いたのが人形ではなく人間の側ならば、どうなったかというと――。

千葉県浦安市に東京ディズニーランドが開園した頃だというから、一九八三年（昭和五十八年）頃に端を発した出来事だ。

当時一四歳で、家族と一緒に青森県に住んでいた工藤健一さんから手紙で寄せられた体験談だが、内容を補足するために、インタビューもさせていただいた。

工藤さんは二〇年ほど前から東京に住んでいるそうで、生まれ故郷の青森について、「別の世界のような感じがする」と言った。

「時代も違いますからね……。僕の知っている青森は昭和で止まっていますから。今でもやっているかどうか知りませんが、僕が育った地方には、若くして亡くなった人の遺影を花嫁人形に添えてお寺に奉納する〈人形婚〉と呼ばれる習慣がありました。

〈冥婚〉や〈鬼婚〉とも言うんですって？　何年か前にテレビでやっていて、そんな別の呼び方があることを知ったんですが、心霊特集みたいな扱いで違和感がありました。

だって、普通のことでしたからね、僕の田舎では。

僕の家では、物心ついたときから、父方の大叔父に〈人形婚〉をさせてありました。友達の家も似たようなもので、戦争で死んだお爺さんや若いうちに病死した伯父さんを、〈人形婚〉させてあげていました。僕は、家の菩提寺に行って、大叔父の花嫁人形を見たことが何度かありました。三〇センチ……いえ、五、六〇センチぐらいでしょうか。あまり大きくはない花嫁さんの格好をした日本人形でした。同じような人形と遺影を入れたケースが、お寺の奥にたくさんあって、子供にとっては薄気味の悪い景色でした」

そのことがあった年、中学二年生になった工藤さんは夏休みから学習塾に通いはじめた。学習塾は自宅から少し遠く、バスで二〇分のところにあったが、塾のすぐそばに父方の従兄たち家族の家があった。

その家の子供は三人兄弟で、上の二人は三〇歳近く、家を離れて久しかった。しかし末っ子は工藤さんと同い年で、とても気が合い、自然に塾の行き帰りに立ち寄らせてもらうことが多くなった。

「とくに夏休み中は、何度か従兄の家に泊まりました。塾の集中講座があって、従兄は普段は塾に行ってなかったんですが、夏休み中の講座には通ったから、二人で塾に行って、従兄の家に帰ってきて、伯母さんが出してくれたアイスや西瓜《すいか》を食べながら勉強して……。とても楽しかった。八月の中頃に、下のお兄さんが事故で亡くなるまでは」

従兄の次兄が、国内を観光旅行中に海難事故に遭ったのだという。

葬儀が行われ、長兄も帰郷した――大きな箱を携えて。

「箱の中には、等身大の人形が入っていました。僕も見ました。細かいところまでは憶えていませんが、よく出来たマネキンみたいなものだったと思います。白いウェディングドレスを着せられていて、上のお兄さんは、自分が作ったのだと話していました。その人が美大を卒業して、他県で働いているのは知っていたけれど、マネキンを作っていたのは、それまで知りませんでした。会うのもお葬式のときが初めてで、服装が洒落ているというか、何となく都会から来た人という印象で、神経がピリピリしてる感じの、何だが取っつきにくい人だと思い、会話はしませんでした」

長兄は、伝統の〈人形婚〉に自作の等身大の人形を使わせるつもりだったようだ。

しかし従兄の両親や親戚は反対し、従来のしきたりどおりに、日本人形をお寺に納めることになった。

葬儀が済んでしばらくすると、長兄は、ウェディングドレスを着せたマネキンを従兄の家に置いて帰ってしまった。

「二学期が始まる頃まで、従兄の家に、そのマネキンがありました。上のお兄さんは、車で取りに戻ると言って行ったらしくて。来るときも、自分で運転してきたみたいですが、帰りには両親からいろいろとお土産を持たされて、車に人形が積めなくなったと聞きました。従兄の家は一戸建てで、お兄さんたちが使っていた部屋が余っていましたから、マネキンの置き場には困らなかったんです。……従兄は、マネキンに、何か性的な悪戯《いたずら》をしていました」

両親に見咎《みとが》められることなく、一週間以上にわたって、悪戯は続けられたらしい。

工藤さんは、従兄に、一緒にマネキンを弄《もてあそ》ぼうと誘われたという。

「裸にして、股のところを触ったり、胸を撫でたり……。今時の子はもっと進んでるのかもしれませんけど、当時の一四歳って、そんな年頃だったでしょう？　従兄も僕も笑いながら、ちょっと興奮して……最初は面白かったんです。でも、従兄がマネキンに本気で口づけしはじめて、僕は、気持ち悪いって思ってしまいました。それで、うちに帰るって従兄に言ったら、誰にも言うなよって命令されてカチンときて何か言い返して、険悪なムードになってしまいました。それきり、その翌日か翌々日に学校が始まったこともあり、しばらく従兄の家に行くのはやめたんです。下のお兄さんの四十九日か何かだったと思いますが、法事でお寺に行ったとき、久しぶりに従兄に会ったら、もうあの人形はないよって告げられて、そのとき僕は、なぜか凄くホッとしました」

工藤さんは、それ以降、塾に通うついでに従兄の家に寄り道することはなくなった。

その後、彼は県立の名門校に進学し、国立大学から都内の私大の大学院に進み、地元に留まった従兄とは自然に疎遠になっていった。

そして月日は流れ、二〇一三年（平成二十五年）、四四歳になった工藤さんは、東京で偶然、従兄の長兄と再会した。

工藤さんが勤める会社の新規の取引先の代表が、あのマネキンを持ってきた長兄だと知ったときには非常に驚いたという。

昔は神経質で近寄りがたく思えた彼は、快活で豪胆そうな、いかにもやり手の社長らしい壮年の男になっていた。

「あのあとすぐに造形作家を辞めて渡米して、しばらくアメリカの大学で学んだ後、当時最先端だったインターネット関連企業に就職したのだと聞いて、人とは変わるものだなぁ、と思いました。従兄の家とは、父方の祖父母が亡くなったとき、遺産相続で揉めて、行き来が途絶えていたので、そういうことも僕は全然知らなかったんです。従兄についても、まったく知らなくて……。上のお兄さんに飲みに誘われたので、六本木の店に行って、そのとき、従兄は今はどうしてるのか、訊ねてみたんです。そうしたら、実は困ったことになっている、と言うんです」

工藤さんと仲がよかった同い年の従兄は、従兄の長兄の言葉を借りるなら、「人形に取り憑かれていた」そうだ。

四十路《よそじ》を超えても独身で、一体のリアルドールと、まるで結婚したかのように暮らしているというところまでは、家族も何とか看過できた。

しかし、人形を形作っているシリコーンが経年劣化して変色し、目に見えて傷みはじめると、彼は狂った。

「人形を病院に連れていくようになったんだそうです。人間の病院に。もちろん追い返されるわけですが、懲りずに何度も押しかけて、何軒も病院を回っていくうちに、とうとう警察に通報されて、留置場に入れられる騒ぎになり、そのことが原因で仕事をクビになってしまったということでした。仕方ないから、生活費を援助してやっているのだとお兄さんから聞いて、僕は何か責任みたいなものを感じて、一四歳のときのあのことを打ち明けたんですよ。マネキンに悪戯したときの……。そうしたら、お兄さんが、気づいていたと言いました」

マネキンに痕跡があったのだという。

彼は弟を責めることはしなかった。却って馬鹿なことをしたと自分を悔いて、こっそりとマネキンを持ち帰り、廃棄処分した。

「でも、従兄はそれからずっと何かおかしかったみたいです。恋人も作らず、かと言って、しばらくは人形にも興味があるようなそぶりはなかった、と。でも、わかりませんよね？家族の前では、そういう性癖は、隠すものでしょう？それで、今はどうしているのか訊ねたら、地元には住みづらくなって、結局、お兄さんがお膳立てしてやって都内のマンションで独り暮らしさせている、と言うんです。だから、都内のどこなのか訊いてみたら、僕のうちの近くで、驚きました」

工藤さんは港区麻布十番に住んでいる。従兄のマンションは渋谷区広尾。隣り合う区内であり、それぞれの住まいとの距離はタクシーでワンメーターほどで、徒歩でも行けないことはない。

「お兄さんによると、従兄のために、自分の家の近くにマンションを借りてあげたということでした。

そのときは、夜の八時頃で、たしか金曜日でした。最初、お兄さんが従兄に電話を掛けたんです。僕の声を聴かせてやりたいと言って。僕は、曖昧な気持ちでした。頭がおかしくなってしまった従兄のことが少し怖かったし。でも、好奇心もそそられていて、おっかなびっくり、お兄さんと電話をかわりました。三〇年ぶりに聴く従兄の声は、当然ですが、記憶の中にある少年のそれとは別人でした。でも、意外と普通で拍子抜けしました。普通じゃなかったら、そのあとお兄さんと一緒に従兄を訪ねていくこともなかったんですけど、そのときは別におかしな感じがしなかったので『これからうちに来る?』と誘われて、じゃあお兄さんと一緒に行くよ、と……。精神病院に入院しているというわけではなくて、まがりなりにも広尾のマンションに独りで住んでいて、正常な喋り方をしているというので、油断があったと思います」

実際に行ってみると、工藤さんの楽観的な予想に反して、従兄のようすは尋常ではなかった。

まず、工藤さんたちを出迎えたのは、鼻が曲がりそうな異臭。

チャイムを押しても出ないので、従兄の兄が玄関の鍵を開けて入ると、傷んだ生肉のような饐《す》えた臭いと消毒薬の匂いが入り混ざる中を、伸び切った白髪頭の痩せた男が漂うように歩いてきた。

老人と見まごうばかりだったが、それが、自分と同じ四四歳の従兄の、今の姿なのだった。マンションはワンルームで、奥にシングルベッドが見えた。

そこに、女性が寝ていた。

「最初はギョッとしましたが、よく見たら人形でした。女性に向かって訊きづらいけど、オリエント工業って知ってますか？　知っているなら話が早いんですが。あそこの製品じゃないかもしれませんが、あんなような、本物の女性そっくりの人形が、頭を枕に載せて、肩まで布団をかけて、寝かせてありました。……従兄は〝彼女〟となれそめからこの方を、僕に話して聞かせました。ある店先で、従兄が彼女を見初めて通いつめたんだそうです。たいへん高価なものなので、すぐには買う勇気がなくて……。そうしているうちに、ある日、彼女が従兄の名前を呼んだんですって。そこで、お金を払って、連れて帰ってきたのだと。それから何年か幸せに暮らしていたそうですが、彼女が病気にかかって、悪くなる一方だったけれど、最近治療法を見つけたんだと、従兄は目を輝かせて言いました。お兄さんの方は、その間ずっと押し黙って、暗い顔をしていました。そして、従兄は、にわかに彼女の布団をはいで……僕に見せたんです」

濁った黄緑色とも土気色ともつかない、不気味な色の肌をした人形だった。栗色のロングヘアの鬘《かつら》は毛がもつれ、斜めにずれて、人形の顔を半ば隠していた。

袖無しの白いレースのネグリジェを着せられ、剝き出しになった腕の何か所かに、手垢で汚れた包帯が巻かれている。

露出した胸もとに、黒ずんだシミが浮かんでいた。よく見れば、黴《かび》が侵食したような大小のシミが、人形の顔や体のあちこちにあるのだった。

まるで腐乱した屍《しかばね》さながらだったが、従兄はそんな人形を愛おしそうに膝に乗せて抱きかかえた……かと思うと、枕の下からカッターナイフを取り出し、止める間もなく、手首を切った。

鮮血が人形の胸のシミに垂れ落ちるのを、工藤さんは呆然と見つめた。

「あまりのことに一瞬、ボーッとしてしまったんですよ。でも、すぐ我に返って、従兄を止めましたけどね。何するんだよって言って、カッターを取り上げて、それからお兄さんの方を振り返りました。だって、動かないから。変でしょう? 兄弟なんだから、真っ先に止めさせないと。でも、お兄さんは苦しそうな表情をして、いつものことだと僕に言ったんです。もう何度もやっているのだと。止めても無駄だと言うんですよ」

あらためて従兄の腕を見れば、新旧の傷痕がみっしりと並び、おろし金のように皮膚がささくれ、あちこちに瘡蓋《かさぶた》が盛り上がっていた。

それればかりか、羽根をむしった鶏のような首筋にまで、切り傷の痕があった。

「従兄は、僕に人形を突きつけました。ほら見ろ、と。ほら、治ってきただろうって。笑顔でね」

不思議なことに、赤い血の下で、シミが薄くなったように見えたのだという。

工藤さんは怖くてたまらなくなり、従兄の兄を引っ張って立たせ、二人で玄関に向かった。

従兄の兄が先に靴を履いてドアを開けた。工藤さんも靴を履きかけたとき、彼が部屋の中を振り返り、「じゃあ、また来るから。ちゃんと手当しておけよ」と言った。

「そうしたら、返事が……。『おさわがせしました』。そう聞こえました。女の声でした。思わず振り返ったら、思いがけないぐらい近くに、従兄が人形を横抱きにして立っていて、人形の胸の血が目に飛び込んできました。僕は悲鳴を上げながら外へ飛び出してしまいました。そうしたら、また女の声が、そんなに驚くことないじゃない、と。クスクス笑いながら、そう言ったんです」

その後、あの状態で放っておくのはまずいだろうと詰め寄った工藤さんに、従兄の兄は、近いうちに医者に診せることを約束した。

従兄の訃報《ふほう》が工藤さんのもとに送られてきたのは、それから数日後のことだった。

死因は失血死。頸動脈を切った遺体となって、兄に発見されたということだ。

工藤さんは従兄の葬儀に参列した。

両親もすでに亡くなっており、従兄と彼の妻子と工藤さんだけの、寂しい葬式だった。

「火葬場の人に無理を言って、お棺に人形を入れさせてもらったんです。人形の原材料のシリコーンと難燃性のシリコーンは性質が違って、前者は可燃性なんだそうですね。お骨が汚れるかもしれないし、炉が傷む可能性があるから普通は断るんだけど、と、係の人は渋々でしたが、なんとか許していただいて……。弟が死んだ今、この人形だけを此《こ》の世に残しておくわけにはいきませんと、お兄さんは言っていました。必死で、絶対に駄目だとくり返してましたから、火葬場の方でも根負けしたんでしょう。まあ、もしかすると、お兄さんがいくらか握らせたのかもしれないです。

焼きはじめてすぐのときです。あの女の声が従兄の名前を呼んだんですよ。二回、はっきり呼び掛けて、静かになりました。奥さんと子供たちが悲鳴をあげて逃げていってしまったので、僕とお兄さんとでお骨を拾いました」

人形は溶けて跡形もなく、従兄の骨はすべて真っ黒に変色し、箸でつまむそばからホロホロと崩れて粉になってしまったという。

〇八　堀田坂今昔

息子の顔に出来た湿疹が悪化したため広尾の日赤医療センターへ連れていった帰り道、二〇一五年（平成二十七年）秋の入り端の水曜の午後四時頃のことだ。

よく晴れた日で、帰りがけに散歩をするのは当初から織り込み済みのことだった。

息子に水泳の練習を休ませるための作戦で、散歩を餌にした経緯がある。その頃、息子は熱心に水泳に打ち込んでいて、練習を休みたがらなかったのだ。春に小学五年生になると同時にスイミングクラブのチーム選手に抜擢され、張り切っていたのである。

人並以上に健やかな一〇歳児。そのツルリとした肌が、鼻の下から口周りにかけて病変して、そこだけ火傷《やけど》を負ったかのように爛れている。痛ましいようすだが、本人は痛くも痒《かゆ》くもないらしい。

ストレスのせいだろうかなどと案じている私の方が、よほど曇った表情をしていた。

息子は散歩が大好きだ。自意識が萌え出るのも今少し先なのだろうか。顔のことなど気に掛けるようすもなく、上機嫌で私の先に立って日赤の正門を出た。高樹町方面へ少し歩いていくと、道沿いに郵便局がある。

そこからさらに六〇メートルほど真っ直ぐ行ったら、堀田坂上の角だ。

「こっちに行こうか」と私は右手に伸びる堀田坂を指さした。

「ずぅっと下っていって、坂の下のあたりで右へ曲がって道なりに行くと広尾駅に着くの。そこから電車に乗ってもいいし、もっと歩いて有栖川公園を抜けて麻布十番まで行ってもいいし……」

息子に説明すると、若い頃の想い出が勝手に頭の中に繰り広げられて、たちまち苦しくなった。

堀田坂はさして幅広くもない二車線のアスファルトの道路で、坂上から見て右手は渋谷区、左手は港区になっているのが特徴だ。境界の道なのだ。右手は欅並木と柘植や躑躅の植栽が緑豊かな高級マンション街で、私は二〇歳のとき、前夫とここで暮らしたことがある。

あの当時、欅は今より丈が低く、葉陰は小さかった。

一九八七年（昭和六十二年）から翌八八年（同六十三年）にかけての頃のことだ。この住宅街が竣工したのが一九八六年頃だというから、樹々も植えられて間もなかったのだ。

息子はやがて、右手に公園を見つけた。

そうそう……。ここには昔も公園があったっけ、と思い出す。

前夫とベンチでサンドイッチを食べたことがある。彼が、遊具で遊ぶ子供たちを眺める表情を見て、私は不安に駆られたものだ。私もまだ子供みたいなものなのに、と。

彼は私より二四も年上だった。

当時の私の年齢と現在の息子の歳が一〇歳しか違わないのだと気がついて、時の流れる早さに愕然とした。

「おかあさん、遊んでいい？」

「いいわよ」

息子はたちまち遊び始めた。他には子供は誰もいない。昔とは景色がずいぶん違う。老人が二人、てんでにベンチや柵に腰を下ろしているだけだ。

そのうち遊びに飽きたのか、息子の動きが鈍くなった。遊具はごく小さく、幼児向けのものが一つあるきりだ。運動が得意な一〇歳児には物足りないに違いない。

「暗くなる前に有栖川公園に行こう。あそこならたくさん遊べるでしょう」

そう提案して、息子を公園内の小径《こみち》に促した。

大人の背丈より四、五〇センチも高く茂った植え込みを回り込んで、遊歩道が急なカーブを描いていた。そこを歩けば、堀田坂に戻れる。

小径に入るとき、ふいに息子が手をつないできた。

珍しいこともあるものだ。最近、息子は滅多に手をつなぎたがらない。例外は、凄い人込みや真っ暗な夜道で、不安になったとき。植え込みの影が行く手に垂れ込めており、息子の気持ちはわからないでもなかった。

手をつないで、私たちは丘のように盛り上がった植え込み沿いを円く歩いていった。

すると目の前に、異様な姿のものが現れた。

最初は何が何やらわからなかった。子供のように小さな、くすんだ小豆色をしたよくわからない塊《かたまり》が突っ立っている。と思ったら、低いところにモシャモシャした黒い毛の塊がくっついていた。

よくよく見れば、それは頭で、鼻先が膝にくっつきそうなほど深く腰を折りまげてお辞儀している人なのだった。

紫や小豆色の矢絣《やがすり》の銘仙《めいせん》の着物とモンペを着て襷《たすき》をかけ、髷《まげ》が崩れてあちこちから長い髪が飛び出し、一部は地面についている。

蓬髪と二つ折りの姿勢のせいで顔は見えないが、筋張った首筋の細さや丸みをおびた腰の線から女だということはわかる。

着物は見るからに不潔で、下駄を履いた素足も、炭を擦りつけたように汚れていた。

「おかあさん」

息子が手に力を入れて囁《ささや》いた。目を見交わす。息子は不安な顔だ。私も同じ表情をしているに違いなかった。

不審な女は微動だにしない。

私たちの方を向いて深々と「礼」をしたままだ。

思うに、息子と私が目に入る前から、この人は頭を下げていた。視界に入ったときには、もうこの姿勢を取っていたのだから間違いない。しかし、おそるおそる後ろを振り向いても、そこには公園の風景が広がるばかりで、拝むべき像や碑《ひ》などは見当たらなかった。

引き返そうかとも思ったが、遊歩道には大人が充分に擦れ違える道幅があった。私は息子の汗ばんだ掌を握りしめ、息を詰めて前へ足を踏み出した。

そして思い切って、女の横をすり抜けた。

女は動かなかった。

擦れ違いざまに見た横顔は目を瞑っており、存外に若い印象だったが、顔だちまで見る余裕もなく、私は小走りに小径を抜けて、公園の外へ出た。

アスファルトの舗道に立ったところで、たたらを踏んで立ち止まり、すぐにも走り出せる体勢で後ろを振り返った。

女は腰を伸ばしていた。

左右の手を指の先までぴったりとくっつけて美しく合掌して、目をみひらいて空を振り仰いでいる。それから、合わせた手を天に向かって突き上げたり下ろしたりしながら、すり足で動きはじめた。小さな円を描いて、ぐるぐると。

「おかあさん」

息子がまた私を呼んだ。息子も振り返っていた。

「あれは何なの」

あの人は、と息子は訊ねなかった。人、なのだろうか。私も自信が持てず、首をかしげて見せるほかなかった。

「さあ……。とりあえず、行こう」

堀田坂を再び歩きだす。息子はしきりに背後を気にした。

「後ろから追い掛けてきたらどうしよう」

そう心配するので、「来たら、走って逃げよう」と答えた。しかし、一向に女が公園から出てくる気配はなく、私は次第に平常心を取り戻した。坂道を下るに従って、あたりに通行人が増えてきた。横の車道を自動車が走り抜けてゆく。どうしたって、これは正常な普段の世界だ。

もう安心と思った。途端に悪戯心が起こった。

「どうする？　さっきのが、ウワァって叫びながら凄い勢いで追い掛けてきたら……」

ちょっとからかったつもりだったが、息子はいきなり坂道を転がるように走りだし、独りでみるみる遠くに行ってしまった。

一〇〇メートルも先でつまずきながら立ち止まって体ごと振り返り、「おかあさんの馬鹿！」と怒鳴る。思わず私は声を立てて笑ってしまい、息子も泣き笑いの表情になった。

それから、有栖川公園で遊び、仙台坂を歩いて麻布十番に行った。

広尾駅周辺から有栖川公園、そして仙台坂を下りて麻布十番へという道筋には、今度は、現在の夫と同棲しはじめた時期の記憶が重なる。

仙台坂近くのマンションが私たちの最初の住処だった。

何か、あの当時はやたらと散歩ばかりしていた。貧乏な上に二人とも途方に暮れて、新しい居場所を求めていた。

仙台坂には、それこそ「ウワァ」と叫びつつ坂道を駆け下りてくる女の幽霊が出るという怪談噺があるのだと息子に教えてやると、息子はまたしても後ろを振り向いて怯えたようすを見せた。

「その女は、頭がもげた赤ん坊の死体を抱いているとか、後ろから追い掛けてきて赤ん坊の頭をもいでいくとか……」

息子は面白いほど怖がって、しまいには本気で怒りはじめたので、それ以上はよしたが、この幽霊譚には元になるエピソードがあるのだ。

一九七〇年（昭和四十五年）、仙台坂沿いに建つマンションで、三〇代の主婦が幼い娘の首を包丁で切って殺したのち、自殺するという無理心中事件があった。

夫に捨てられて暮らしが立ち行かなくなった挙句のことだったというが、発見されたとき、実の母に殺された幼児の首は切断寸前まで惨たらしく切り裂かれており、室内は血の海だったそうだ。

仙台坂には江戸時代、仙台藩伊達家の下屋敷があり、当時から怪異譚は存在したようだ。この辺りの坂道という坂道に、多くは貉《むじな》や狐狸《こり》がらみの怪談がある。坂道は山と人里の境界で、昔は、山とは異界に他ならない。辻と同じく、異界の者たちが逢魔が刻《とき》になると彼岸から此岸へ越境してくるとされる。

坂道にまつわるフォークロアが多い所以である。

そんな場所で本当に起きた無残な殺人事件が、古くからの「なんとなく出るらしい」という曖昧な言い伝えに新しくしっかりとした骨格を付け加えたであろうことは想像にかたくない。

心中事件以後、現在に至るまでに、仙台坂の心霊目撃情報には、血塗れの女が幼児を抱きかかえてこちらを睨んできたり、あるいは追い掛けてきたりするという、ほぼ統一されたパターンが出来あがっている。

ただ、四〇年余り経つうちに少しずつ事件の記憶が薄れたためか、その母子は交通事故で亡くなった人の霊なのだという伝説が生じて、今ではこちらの方が有力なようだ。

幼児惨殺を伴った無理心中事件よりかは、交通事故の方が悲劇としてはありふれていて、より身近に感じられるためだろうか。それとも母子が轢死《れきし》する事故が本当にあったのか、どちらともわからない。

また、歩いていたら地面から手が生えてきてかかとを掴まれるといった、昔の狐狸がらみの怪談の名残のような話も、仙台坂では今も聞かれる。

江戸の怪談に新しい恐怖が付け加わった例は、息子と不思議な女に遭った堀田坂にもある。堀田坂の辺りには、江戸時代、下総国の印旛郡は佐倉の城主・堀田備中守の下屋敷があった。堀田家の下屋敷には怪談話が二つもあって、一つは狐狸にまつわり、もう一つは猫にまつわる。

狐狸の方は、一八三八年（天保九年）に起きた。当時、堀田家の面々はもっぱら神田小川町の上屋敷に居て、こちらにはご隠居と、お付きの医師、三輪元進（玄真）が住んでいた。元進は敷地内に自宅を持っていて、屋敷で隠居を治療すると夜には必ず帰ってくる習慣だったが、同年五月十三日、この晩に限ってはいくら経っても帰らず、そのまま行方不明になった。屋敷中総出で探したが元進は見つからず、八日後、屋敷のそばの林の中で腐乱死体になって発見された。

元進の亡骸《なきがら》は裸足で、また足の裏には、山林の中を長いこと彷徨ったために出来たと思われる傷が無数についていた。そのため、これは狐狸の仕業だという噂になった。

噂を聞いた備中守は領国の佐倉から狐狩りの名人で百姓の藤蔵を呼び寄せて、下屋敷の狐狸を捕らえさせた。狐六匹と狸が一匹、藤蔵の罠に掛かったが、死んでいると思った狸が息を吹き返したので、これが元進を化かして殺したのだとされた。

備中守は、捕まえた狸と狐を家中の者にすべて食わせて、その後、祟りもなく無事だったという。


猫騒動は、狐狸事件の二〇年近く後、一八五六年（安政三年）に起こった。

この前年の一八五五年（安政二年）十月二日に、世に言う「安政の大地震」、別名「江戸地震」があり、首都直下型マグニチュード七クラスと推測される大震災で江戸市中の建物の多くが被災したのだが、堀田家の神田の上屋敷も倒壊してしまった。

そこで当時の堀田家当主・堀田正睦は下屋敷に住まいを移すことにしたわけだが、その頃、下屋敷は猫の巣窟《そうくつ》と化していて、犬も近寄らないと噂されていた。

ことの始まりは、下屋敷の敷地内に建てられた火防《ひよけ》・火伏せの神である秋葉大権現を祀った秋葉神社の祠で、いつしかそこに古猫が棲《す》みついて妖しい障りをなすようになったのだという。

古猫とは、つまり尾が二股に分かれた〈猫又《ねこまた》〉であろう。障りを恐れた家人によって、秋葉社とは別に、古猫を鎮めるための祠も建てられた。ところがこれが裏目に出て、古猫の祠に猫の大群が棲むようになってしまったわけである。

堀田正睦は老中首座で開明派として名高かった。開明派というのは幕末に現れた合理的・近代的な思想の持主のことで、代表的人物は島津斉彬と勝海舟。保守的な思考を嫌い、新時代を切り拓こうという人々なわけで、我もその一員なりと自負する正睦は、下屋敷が近隣で〈猫屋敷〉と呼ばれて恐れられているという事実を知って激怒した。

開明派の老中首座の屋敷に、祟ると評判の古猫祠や妖しい猫の大群が棲んでいるのは、どうしたって看過できない。

可笑しな話だが、そこで正睦は猫たちに宣戦布告したのだそうだ。

「これより当屋敷には本来の主たる堀田備中が住まう。ついては古猫の祠を我が菩提寺に丁重に移すこととなった。おまえたちはこれに付いて行き、すみやかに屋敷を明け渡すがよい」

猫対老中。何だか急に童話的になってしまった。

猫に話しかけたり祠を菩提寺に移すと言ってみたり、開明派じゃなかったのか。

ともあれ猫たちは立ち退きを迫られたわけだが、当然すんなりと出ていかなかった。群れをなして屋敷を襲い、障子や襖《ふすま》を引き裂き、柱で爪を磨ぎ、糞尿を落とした。

怒り心頭に発した正睦は、家来に猫狩りを命じた。

猫たちはみるみる狩られた。ついに全滅させ、庭に死骸《むくろ》の山が出来ると、正睦は大鍋を持ってこさせてそれで猫汁を作らせ、皆にふるまった。食い切れなかったぶんは俵に詰めて佐倉の領地に運ばせて、穴に埋めてしまったという。

——以上のような獣にまつわる怪談があった堀田坂の南側に日本赤十字社病院（日赤）が建ったのは、一八九一年（明治二十四年）のことだった。

当初、日赤は広大な土地を有していて、敷地の中に産院や乳児院が別棟で点在していた。そのうち何棟かは、一九八〇年代に住宅地建設用地として敷地の半分を売却するまでの百年以上の間に使用されなくなり、長らく廃墟として放置されていたそうだ。

私と息子がお辞儀女（息子と私の間では、こう呼ぶようになった）を見た公園の辺りにも、かつて大きな廃墟があった。

五〇年近く前まで現在住宅街になっている堀田坂の渋谷区側に存在し、地元の小学生から〈赤レンガ〉と呼ばれて恐れられていた建物がそれである。

〈赤レンガ〉は標本室で、ガラス窓から中を覗くと、胎児や奇形児の標本が見えた。雑木林に囲まれていて、〈赤レンガ〉の建物の中は怖いが、その周辺は虫捕りにもってこいの子供たちの格好の遊び場だったようである。

夏の夜明け前、〈赤レンガ〉のそばに甲虫を捕りに行って、不審な老女の幽霊に遭遇した想い出話を綴っている個人のブログを見つけた。

老女はしきりに何かを探しており、一緒に探してくれと子供たちに頼んだのだという。「……を落としてしまって」と老女は言っているが、何を落としたのかはどうしても聞き取れない。

しかし子供たちは老女に気圧されて、何を見つけたらよいかわからないまま、皆で草むらを探しまわった。老女も草むらを分けて探している。必死のようすに釣り込まれ、やがて子供たちも夢中になる。

……と、そのうち辺りが明るんできて、ふと気づけば老女の姿は煙のように消えていた。

甲虫だけでなく狐狸や猫又も棲んでいそうな暗い木立ちは、現在はほとんど失われてしまった。

しかし仙台坂の狐狸を一九七〇年の無理心中事件の幽霊が引き継いだように、堀田坂の怪談も、この〈赤レンガ〉の怪談に上書きされて生き続けているような気がしてならない。

堀田正睦が猫にしたように、私もお辞儀女に話しかければよかったと、今は少し後悔している。

○九　神隠し――七つまでは神のうち

たった一度だけ、警察に捜索願いを出された経験がある。一九七三年（昭和四十八年）の五月、小学校一年生のときのことだ。

十一月生まれの私は当時六歳で、前月の入学日にあわせて東京都の世田谷区から埼玉県坂戸市北坂戸の公団住宅に引っ越してきたばかりだった。

その日は遠足があり、もうどこへ行ったかは忘れてしまったが、先生方に引率され、バスに乗って同級生たちと遠出をして、午後三時頃に学校に戻ってきた。

バスが小学校に到着した途端、パラパラと小雨が降ってきて、校庭で、先生に「雨具を出しなさい」と指示されたことを憶えている。生徒全員が雨具を着けたところで、解散となった。

私が通っていた小学校は、昭和のその頃に多かったいわゆる「マンモス校」で、一学年におよそ二五〇人も生徒がいた。

大勢の同級生たちに混ざって、私は校庭を出た。

小学校から住んでいる公団住宅まで、その頃の私の足で一〇分か一五分程度の距離だった。道は単純で、一本の道路を真っ直ぐ歩いて行けばよく、道に並行して入間川の支流の土手があったから、土手を目印に進めばいいので、六歳児であっても迷子になるわけがなかった。ところが、私はどこをどう彷徨ったものか、なかなか家に帰らなかった。

不安になった母があちこちに電話をかけはじめたのは午後四時頃。小学校にも問い合わせ、学校の先生方が総動員で私を捜す騒ぎとなった。

小一時間もそうやって捜し、あたりが薄暗くなってきてもまだ見つからぬとなって、ついに母が団地のそばの交番に届け出た。

母をはじめ、そのとき大人たちが想い起こしていたのは、遡《さかのぼ》ること三年、一九七〇年（昭和四十五年）十月十七日に東京都台東区で起きた昌男《まさお》ちゃん誘拐殺人事件だった。

その日、八歳の少年・昌男ちゃんが「遊びに行ってくる」と言って家を出たまま行方不明になり、家族の通報で警察や近隣住民が捜索を行ったが同月三十日に遺体で発見された事件である。

その後、逮捕された犯人が別のもう一件の誘拐殺人を自供したため、長期にわたってマスコミを賑わし、人々の記憶にまだ新しかったのだ。

結局のところ、私は午後七時頃、自分のうちの上の階に住む男の子の家にあがりこんでいたところを発見された。

その家にも母は電話をかけていたが、そこのうちの奥さんはパートタイムの仕事に出ていて、六歳の長男を頭に三歳まで三人の子が留守番させられており、皆、留守中には電話に出なくてもいいと親から言われていた。

何も知らずに仕事から帰ってきたおばさんが私を見て、うちの子たちと一緒に夕ご飯を食べていったらどうかと言い、許しを得るために母に電話をした。

すっ飛んできた母に泣かれたり叱られたり、その後、ほうぼう連れまわされて頭を下げさせられたりしたことを、今でもぼんやりと憶えている。

不思議なのは、私が同級生の男の子の家に行ったのは夕方の六時過ぎで、それまでの約三時間、どこで何をしていたかさっぱりわからなかったことだ。

団地に住む子たちで集団を作って帰るきまりになっていた。したがって、上の階の男の子とは、毎日いっしょに下校していたのだ。

ところが彼は、その遠足の日に限っては、校庭を出たときから私の姿を見掛けておらず、先に帰ったものと思っていたのだという。

姿をくらましていた間の私の記憶は曖昧で、薄灰色に曇った雨空を見上げたこと、そして、独りで赤い傘をおちょこにして雨水を溜めて遊んでいたこと……それぐらいしか、どんなに頭の中を浚ってみても、当時も今も、何も浮かんでこない。

ふと気がつくと自分のうちの玄関の前にいて、ドアに鍵がかかっていて入れなかったので、たびたび遊びに行っていた上階の同級生のところへ行った。それだけである。

なぜ、あれから四〇年以上も経った今、こんな記憶を蘇らせているかというと、最近、当時の私と似たような年頃の少年が行方不明になったのち無事に見つかるという事件があったからだ。

事件は二〇一六年（平成二十八年）五月二十八日の午後五時頃に始まった。

そのとき、同町内の山林を抜ける道の三叉路《さんさろ》の近くで、七歳の少年が父親が運転する車から降ろされた。車には母親も同乗していたが、父親は彼を置き去りにして車を走らせた。酷い悪戯《いたずら》について息子を叱っている最中のことで、躾《しつけ》のためにしたのだと、父親はのちに語った。

約五分後には息子を降ろした場所に戻ったというから、実際、少々きつく懲らしめるぐらいのつもりだったかもしれない。

しかし少年は姿を隠し、それきり六昼夜も見つからなかった。

場所は北海道の渡島半島南部、七飯町。ヒグマが生息する地域だという噂もあり、一時は生命も絶望視されたが、六月三日、隣の鹿部町内の自衛隊演習場にある小屋の中にいるところを発見された。

置き去りにされた三叉路から演習場内の小屋まで、地図からわかる水平距離では約七キロメートルだが、道は山の中の林道で足場が良いとは言えず、アップダウンも激しく、「北海道新聞」によれば、同紙の記者が少年が歩いた道筋を辿ってみたところ、歩行距離は約一〇キロメートルになり、大人の足でも約二時間半もかかったという。
五、六月とはいえ北海道はまだ肌寒く、ことに夜間は三日午前一時過ぎでは四・六度とだいぶ低い。さらに少年が行方不明になっていた間のうち三日間は雨も降っていた。
しかし、自衛隊演習場の小屋の中にマットレスが複数枚あり、小屋の外には水道の蛇口もあって清潔な水を飲むことができたこと、三日にたまたま自衛隊員が小屋を訪れたことなど、奇跡的な幸運が重なった。

少年は少し衰弱していたものの無事で、発見から三日後の六日には、検査も兼ねて入院していた病院を退院し、元気なようすで両親と自宅に帰った。

北海道七飯町の置き去り事件は、奇跡的ではあるが奇跡ではなく、ましてや〈神隠し〉などではないが、日ごろから妖しい事例を蒐集している私が真っ先に思い浮かべたのは神隠し、それから、先述した小学校一年生のときの大騒動だった。

七飯町の問題の少年は、当時の私よりしっかりした子かもしれず、姿を消していた間のこともちゃんと憶えているのかもしれない。

それとも私と同じように、何がなんだかよくわからないうちに時が過ぎ、夢見心地からふいに醒めるようにして現実世界に帰ってきたような気がしているのだろうか？

神隠し的な事件は、それほど珍しくないのかもしれないと思う。

二〇一三年（平成二十五年）七月十一日には、千葉県茂原市で、高校三年生の少女が行方不明になり、七七日後に、自宅からたった四〇〇メートルのところにある神社の祠で発見されるという事件が起きた。

少女は、発見後、失踪中の時間の感覚がはっきりしないとコメントし、また、彼女の兄は「（妹は）顔を半分布団に隠していて、語りかけると首を縦横に振って合図はするが、喋ってくれない」とマスコミに語った。

このような報道に触れて、民俗学者・柳田國男の以下の一節を思い起こした者は、きっと私だけではないと思う。

「運強くして神隠しから戻ってきた児童は、しばらくは気抜けの体で、たいていはまずぐっすりと寝てしまう。それから起きて食い物を求める。何を問うても返事が鈍く知らぬ覚えないと答える者が多い」

これが書かれた『山の生活』には、柳田國男自身の神隠し体験も綴られているし、古今の同様の出来事もいくつも収録されている。

「村々の隣に遠く野山の多い地方では、取り分けてこの類の神隠しが頻繁で、哀れなることには隠された者の半数は、永遠に還って来なかった」

そして、

「珍しい例ほど永く記憶せられるのか。古い話には奇抜なるものが一層多い。親族が一心に祈禱していると、夜分雨戸にどんと当たるものがある。明けてみるとその児が軒下に来て立っていた。あるいはまた板葺き屋根の上に、どしんと物の落ちた響きがして、驚いて出てみたら、気を失ってその児が横たわっていたという話もある。もっとえらいのになると、二十年もしてから阿呆になってひょっこりと出てきた。元の四つ身の着物を着たままで、縫い目が弾けて綻《ほころ》びていたなどと言い伝えた」――。

神隠しの伝承は全国各地にあり、むしろないところの方が珍しい。

有名なのは青森県西津軽郡深浦町、白神山地の天狗岳で、ここは山菜採りに来た人がたびたび行方不明になるので〈神隠しの山〉として知られていたという。

一帯に〈天狗〉という名が冠せられた山は、神隠しに遭いやすい場所なのだそうだ。昔は、山中で子供が忽然といなくなってしまった場合、天狗に攫《さら》われたとすることが多かったためだ。

多田克己の『幻想世界の住人たちⅣ　日本編』によれば、江戸時代には、神隠しは〈天狗攫い〉とも呼ばれ、戻って来た子供が、天狗と一緒に空を飛んで日本各地の名所を見物させてもらったなどと話したことがあるという。

国学者・平田篤胤の著書『仙境異聞』にも、天狗攫いから生還した寅吉という少年の話が登場し、柳田國男をはじめ後年の多くの学者に取り上げられている。寅吉の談話の記録は『仙童寅吉物語』として、江戸で大評判になったという。

寅吉は、江戸の越中屋與惣次郎の息子だったが、五歳のときに上野の寛永寺前で徳の高い天狗・杉山僧正に仙術をかけられて小さな壺に入れられ、常陸国岩間山（茨城県笠間市岩間町愛宕山）に連れていかれ、一五歳のとき浅草観音堂前に突然現れた。

寅吉は仙界では高山嘉津間と呼ばれ、杉山僧正を頭とする一三人の愛宕山の天狗たちのもとで修行を積み、諸国を飛行したのだとか……。同地の愛宕神社には今もこの伝説が「十三天狗の祠」と共に祀られている。

他にも、天狗攫いの伝説の地としては、岐阜県美濃加茂市の「古井《こび》の天狗山」が有名で、ここは明治三十三年に開教した神道の一派・荒薙教《あらなぎきょう》の聖地にもなっている。

荒薙教では天狗を神の使いとしているため、境内には全長一二メートルの大天狗像をはじめとする多くの天狗像が祀られている。

ちなみに、神隠しの下手人には、天狗のほかにも山姥や鬼、狐のほか、さまざまな妖怪が想定されていた。

そして、神隠しに遭った子は何処へ行くのかというと、神域、すなわち常世へ迎えられたのだと昔の人々は考えていたようだ。

縄文時代以前から、日本の伝統的な民俗社会では、「幼い子供の霊魂は異界と此の世の二つの世界を自在に往来できるものとされ」ていた（括弧内、飯島吉晴『子供の民俗学』より）。幼子が死ぬと、縄文時代には、甕《かめ》に納めて家の出入り口の敷居のそばに埋められ、一説によるとその家の女性が出入りのたびにその上をまたぐことによって、死児の魂が再びその女性の胎内に宿って此《こ》の世に蘇ることを願ったのだという。

その後も、黒田日出男『境界の中世 象徴の中世』によると、中世社会では元服前の子供は「童《わらわ》」であるとして「人」とは別のものとされ、死んでも、「葬礼も仏事もなされず、袋に納められて山野に捨てられるのが普通の例であった」そうである。

「七つまでは神のうち」という諺《ことわざ》がある。

数えで七歳というと満五歳くらいだが、かつては、そのぐらいの年頃までの子供の死亡率が非常に高かった。

そのため昔は、嬰児《えいじ》殺しである堕胎も含めて、子供の死というものに対する感覚は現代とは大きく異なり、もしも我が子を亡くしても、「カエス」「モドス」などと表現した。「カエス」「モドス」とは、すなわち神の領域に「返す（帰す）」「戻す」という意味で、子供の霊魂を再び彼の世に預かってもらうという考えに基づいている。

逆に言えば、子供にとって、充分に大きくなるまでは、此の世は仮の宿のようなものだということになる。

だから「七つまでは神のうち」なのだ。

――七歳までの幼子は、かりそめに此の世にいるにすぎない。

したがって、江戸時代になってもまだ宗門人別帳《しゅうもんにんべつちょう》に記載されず、氏子にも入れられないことが多かったという。

そればかりか一族の墓にも葬られず、近隣の野山にひっそりと埋められて、村落内の既婚女性たちによる女人講や子安講といった「講」システムによって祀られた村境の地蔵や道祖神に霊魂を託したとして、供養されていたのだそうだ。

また、柳田國男によれば〈児三昧〉〈子墓〉と呼ばれる六歳以下の子供専用の埋葬地が設けられることもあった（『先祖の話』）。

七五三の日が十一月十五日に定められたのは一六八一年（天和元年）のことで、この日、五代将軍徳川綱吉の子、徳松の髪置の儀が執り行われたことに因《よ》るとする説が一般的だ。

髪置というのは、幼児が頭髪を剃《そ》ることをやめて伸ばしはじめることで、これを祝う髪置の儀の習慣が平安時代に生まれた。公家で二歳、武家なら三歳の十一月十五日に行ったのだそうだ。

明治時代になると、三歳、五歳、七歳の三度、氏神さまにお宮参りして、最後の七歳のときに氏子札を授与される習慣が出来た。

七つまでは神の子だったたが、このとき子供は神の加護を離れて、地域の共同体の一員となり、その証に氏子札を受け取るのである。

また、宮田登の『老人と子供の民俗学』によると、七歳までは仏教の影響下に入れることを避けたのだという。なぜなら、「魂が自由自在に動ける神の領域に置かれるべきだ」から。仏教では魂は成仏してしまい、容易には此の世に還ってこない。

「七つまでは神のうち」と似た、〈七つまでは神の子〉という言葉もある。

神の子であるから、仏教の管轄下には入れられず、したがって寺の宗門人別帳にも載せられない。〈七つまでは神の子〉という言葉からは、昔の人のそんな考えも浮かんでくる。

神の領域である常世《とこよ》・彼の世・異界と、人間の世界との境界に存在する小さな子供には、異界のものを見聞きする能力が備わっているとされた。

江戸時代、天狗に攫われた寅吉の言葉を、平田篤胤のような高名な学者が大真面目に書き記したことに、当時は少しも違和感がなかったものだと思われる。

今でも、子供たちは何か不思議な者や現象を大人よりも体験しやすいとする考えは、社会全体にうっすらと残っているように思う。

私自身も、自分の神隠し的な（といっても、いなくなっていたのはたかだか三時間余りだが）体験は、子供の時分ならではの不思議なことだと何となく信じている。

また、子供の頃の謎めいた体験談を語る人は今も多いのだ。

数日前にも、子供の頃に奄美大島に住んでいた男性から、こんな話が寄せられた。

「私は小学校四年生のときに埼玉県から奄美大島の笠利町にあるスノという集落に引っ越したのですが、とても暑い日に、スノにいたユタ神様に、『暑いんだけど神様だったら何とかして』と言ったんです。すると、『ガジュマルの木に、下の歯から抜くようにして息を吹きかけると、ケンムンが風を起こすよ』とユタ神様が教えてくれたのでやってみたところ、本当に木の上から風が吹きつけてきました。これは今では出来ないかもしれません。ケンムンは、集落では、カッパのようなイタズラ好きな存在であると言い伝えられていました。いつもガジュマルの木の上にいるそうです。妖怪というより森の精霊に近いのではと思います。朝ドラの『ちゅらさん3』では、キジムナーという名前で呼ばれてました」

〈ケンムン〉または〈ケンモン〉は奄美群島に伝わる妖怪で、河童や沖縄の妖怪・キジムナーのように相撲を好み、キジムナーと同じくガジュマルの大木に住んでいるとされる。

姿は五、六歳の小さな子供に似て、河童のように口が尖《とが》っている。

ケンムンの伝説はたくさんあるが、私が注目したのは、体験者の「これは今では出来ないかもしれません」という一言だった。

この言葉からは、もしかすると「〈ケンムン〉はもういなくなってしまったので、現在ではこういうことは起こらない」という意味かもしれないが、「あの頃は子供だったから可能だった。今はもう大人になってしまったので出来ない」と悟って、現状を受け容れる気持ちが透けて見えるようにも解釈できる。

私もまったく同じように感じているが、同時に私が想うのは、息子のことだ。

今年（二〇一六年）一二歳になる息子が三歳だった初夏の頃だから、二〇〇八年のことになる。

ゴールデンウィーク後の週末、おそらく五月十七日の土曜日か、明くる日、十八日の日曜日に、私と夫は息子を連れて東京都北区の飛鳥山《あすかやま》を訪れた。

この日は朝から快晴で暖かく、幼児を公園で遊ばせるにはうってつけだったが、午前一一時頃、飛鳥山公園に着いてみると意外に空いていて、出入り口の周囲には人影がなく、遠くから子供たちの歓声が風に乗って聞こえてくるのみだった。

そこからは遊具なども見えず、目の前に樹々に覆われた丘があった。あの丘の裏手か、それとも丘の上なのか、ここからは見えないどこか離れた場所に、子供の遊び場があるのだろうと私は思った。

園内の案内板がどこかにあるはずだ。そう思って、息子の手を引き歩きだしたところ、息子が突然、私の手を振りほどいて丘の方を指さすと、大きな声でこう言った。

「あそこにある汽車ポッポで遊びたい」

しかし、そこからは少しも「汽車ポッポ」のようなものは見えなかった。

夫と私は首を傾げたが、とりあえず息子が指さした方へ行ってみようということになり、息子を連れて丘を登った。

丘には階段が設けられ、登ることは容易だった。

さんざめく子供らの声が次第に近くなり、やがてパッと視界が明るく開けたと思ったら、丘の頂上の広場に着いた。

広場には遊具がいくつかあり、そして、隅に黒い蒸気機関車が――「汽車ポッポ」が――展示されていた。

私は息子に訊ねた。

「どうしてここに汽車があるってわかったの？」

「だって、わかったんだもん」

そう答えるやいなや、息子は嬉しそうに声をあげて汽車の方へ走っていってしまった。

すると、夫が何かを深く畏《おそ》れるような気持ちを顔に滲ませながら、私に言った。

「俺の祖父《じい》ちゃんは蒸気機関車の設計技師だったんだ。まさかとは思うが……」

蒸気機関車は、子供たちが乗り込めるように、多少手を加えられてはいたが、まごうかたなき本物で、車体のそばに名称や来歴を刻んだ金属板が掲示されていた。

それによると、この蒸気機関車は一九四三年（昭和十八年）製造のＤ５１８５３。準戦時設計と称して、鋼板の一部を木製に、銅製品を鉄製に置き換えられ、足りなくなった重量を補うために車体下部にコンクリートを注入された廉価版の「デゴイチ」だということだった。そんなツギハギの哀れな車体ではあったが、吹田、梅小路、姫路、長岡、酒田の各機関区に順繰りに配属され、合計一九四二万四七一三キロメートルをけなげに走りぬいた――。

「祖父ちゃんが設計したのかもしれない。昭和十八年製造なら、ちょうど祖父ちゃんが設計技師として活躍していた時期だから」

そうつぶやく夫の目には涙が光っていた。

彼が生まれる前に、祖父は病死している。会ったことのない祖父の魂が、曾孫《ひまご》を呼び寄せたのだろうか？

もちろん、確証があるわけがない。

しかし私も大きな感動を覚えていた。夫の心の揺れが伝わってきたのだ。

遥か彼方《かなた》から時空を超えて、彼の祖父の魂が走ってきてくれたような気がしていた。夫の「祖父ちゃん」の魂は黒いデゴイチの姿をしているのかもしれない、と、そのとき思った。まだ神のうちにある幼い息子だけがその存在を感じ取れたのだ。

古来、日本に限らず世界各地で、子供には尸童《よりまし》になる能力があると言われてきた。

子供を依代《よりしろ》にして、霊界と交信する。あるいは子供の口から神の託宣を語らせる。

そういった習慣や信仰は、日本にも近代まで存在した。

現代では、そうした民俗的な習慣は廃絶されている。

しかし、依然として子供たちは此の世ならぬものたちと交信できるのではあるまいか。

息子は、ときどき不思議なものを見ているようだ。

腕が長く、両掌を膝より下のあたりで揺らしながら歩いている女。背丈は一四〇センチもなさそうなのに、顔が普通の人の五倍ぐらいある性別不明の人。首が頭の倍もあるかというほど長く、鉛筆のように痩せた男……枚挙にいとまがない。

幼い頃はしょっちゅう報告してくれたものだが、だんだん間遠になって、最近ではめったにないようになった。

と、思ったら、この四月頃のこと、息子を連れて新宿三丁目の韓国料理屋に夕飯を食べにいった夫から、こんな話を聞かされた。

夫が、その韓国料理屋の前から電話をかけてきたのだ。

「今、物凄いものを見た。●●（息子の名前）を連れて店の前まで来たんだが、●●が『へんな酔っ払いがいる』と言って俺の後ろに隠れようとするから、あたりを見回したら、向こうから首が背中のほうに折れた男が歩いてきたんだ。どうなってるかというと、顔が逆さになって後ろを向くんじゃないかというほど、喉のところから首が真後ろの方にグニャッと折れ曲がっていた。そんな格好で、前なんか見えるわけもないのに、こっちに向かってふらふら歩いてきたんだよ。首がめちゃくちゃ長くて……。あんなふうに頸椎が折れたら、人間なら生きていられないだろう。誰だって驚くと思ったのに、奇妙なんだ。どういうわけか、周りの人たちは気がついていないみたいだったんだよ。あれは妖怪なんじゃないかな？[redacted]と一緒にいたせいで、俺にまで見えちゃったんじゃないか？」

夫によると、その者は「世界堂」の方へ歩き去ったそうである。

「世界堂」の近くの交差点は、信号待ちをする人々で混んでいた。人込みに入る直前、それは着ていた服のフードを被ったそうだが、その瞬間、亀のようにヒュッと首を縮めて、頭を普通の人間の位置に直したように夫には見えたのだという。

その日、私は仕事が立て込んでいて、夫と息子を外食に行かせて、自分は家で机にかじりついていたのだった。

一緒に行けば私も見られたのに、と残念でならず、二人が帰宅するとすぐ、息子に話を聞いた。

息子はケロッとして、「ああいう人なら原宿の代々木公園でも見た」と言った。

息子によれば、世の中にはいろいろな姿をした人がいて、首が長かろうが後ろを向いていようが、さして珍しくもないということだ。

そう言われてみれば、私自身も子供の頃には変わった姿の者たちをよく見かけたような気もする。

しかし大人になった今となっては、それらが現実の記憶なのか、単に空想したことだったのか、それとも夢だったのか、すべて曖昧模糊《もこ》として、しゃっきりと想い出せはしないのだ。

一〇 犬の首

昔から、蠱毒《こどく》というものに関心がある。子供の頃に川原で犬の頭骨を拾ったことが遠い原因になっているという気がする。

私が小学校の三年生のときだから、一九七五年（昭和五十年）のことだった。季節は夏、七月上旬だったと記憶している。

当時、私は埼玉県の坂戸市北坂戸というところに住んでいた。町内には田畑が多く、あぜ道をたどっていくと、たいがい小川にぶつかった。

この辺りには、入間川の支流が木の枝か、さもなくば手の指のように分かれた格好で流れており、町はあちこちで水の流れによって分断されていた。

町内のどこを歩いていても、風向きによって、ふと川藻の匂いが鼻先をかすめた。

私の心象では、その匂いは緑色をしている。浅瀬で岩に絡んでいる藻の色であり、淀んだ渕の色だ。

町の空気は常に湿り気を帯びており、そのおかげか、世田谷に住んでいた頃には酷かった慢性の気管支炎が、ここに引っ越してきたらあっという間に治ってしまった。

もっとも、それは四〇年も前のことであり、現在の北坂戸がどうなっているか私は知らない。川は、暗渠《あんきょ》になったところも多いようだ。

グーグルビューで今の北坂戸を眺めてみたら、あれほど多かった田んぼや小川を探すのに苦労した。

太い川はあるが、毛細血管のようにあちこちに走っていた小川が見当たらない。水田も、かなり町はずれまで行かないと残っていないようだ。

私が通っていた北坂戸小学校は二〇一六年三月に閉校して、隣の学区の小学校と統合されていた。当時は生徒数が一〇〇〇人を超すマンモス校だったのに。

少女時代の一時期を過ごした、緑色に匂う景色はもうどこにもないのだ。

北坂戸に住んでいたのは小学校一年生から三年生の終わりまでだが、あの三年間がまるごと夢の中の出来事だったような心地もする。

ともあれ、九歳になる手前の頃の私は、その日、学校から真っ直ぐ帰らずに、ランドセルを背負ったまま、近所の川辺に遊びに行った。

のんびりした時代のことで、今と違って家も学校も寄り道を禁じていなかったから、そんなのはよくあることだった。

私のそばには、産婦人科の病院の娘でよし子ちゃんという友だちがいた。よし子ちゃんは同級生で、一年生のときからの親友だった。

登下校する道の中間あたりに、田畑に囲まれて孤高を誇示するかのような白亜の御殿――四階建ての産婦人科医院のビル――があり、その四階がよし子ちゃんの家だ。

小学校低学年の頃の私の目には、よし子ちゃんの産婦人科医院は童話のお城のように見え、お城に住む彼女は必然的にお姫様として映った。

よし子ちゃんが市販のワンピースを普段着にして、毎月、美容室で髪をカットしてもらっているといったことに、いちいち私は感動を覚えていた。母の手製の服にも裁ちばさみでジョキジョキ切られたおかっぱ頭にも不満はなかったが、よし子ちゃんの日常は眩《まぶ》しい憧れに満ちていた。

そうそう、よし子ちゃんは、駅前の薬局では売っていない種類のトローチや、何かわからないピンク色の糖衣錠をたまにくれたっけ。

宝物を下賜《かし》されるように感じて、ありがたく味わっていたものだが、それらは病院の薬棚から盗んできたものだったことがのちにわかった。

――想い出がどんどん脱線していきそうな気配なので、話を元に戻す。

七月の川辺には風が吹きわたっていた。草に覆われた土手を駆け下りて、川べりを探検していると、腰かけるのにちょうどよさそうなてっぺんが平らになった大きな石が先方に見えた。

椅子のような石だが、岸から二メートルぐらい離れているので、釣り人が腰かけるには向かない。その辺には他に大きな石はなく、どこかから持ってきたようにも見えた。

石の上に白木の箱が乗っていることに気づいて、好奇心にかられて近づいた。

「千疋屋《せんびきや》」の高級マスクメロンが入っているような四角い箱で、蓋はついていなかった。ひょい、と中を覗くと、何かの動物の頭の骨が入っていた。

下顎《したあご》もついており、綺麗に肉が落ちている。上下の歯がそろっていて、犬歯が尖っていた。臭いもせず、乾いていて、一見して清潔な感じがしたので、私は箱に手を突っ込んで骨を手に取った。

よし子ちゃんが悲鳴をあげた。

「やめなよ。よく触れるね」

私は平気だった。それどころかわくわくしていた。お宝を見つけたと思っていた。

体の方もないものかと、あたりを探したが、あるのは頭部だけだった。

頭蓋骨が置かれていた石のそばに、炭と焦げた木端が落ちていて、誰かがそこで火を焚《た》いたようだとわかったが、気がついたのはそれだけだった。

私とよし子ちゃんは小学校に取って返した。私はこれを持って帰りたくもあったのだが、よし子ちゃんの「絶対、お母さんが捨ててきなさいって言うよ」という現実的な指摘に納得し、協議の結果、とりあえず学校の先生に頭蓋骨を見せようということになったのだ。

下校から三〇分と経っておらず、私の担任の先生はまだ職員室に残っていた。

この先生は理科が得意で、大学では生物について学んでいたと話していたから、子供なりに、頭蓋骨を見てもらうには最適だと考えてもいた。

先生は、私が差し出した箱ごと頭蓋骨を受け取り、引っくり返したり、犬歯に触ったり、ひとしきり観察して、まず間違いなく犬の頭骨と下顎骨だと結論した。

犬の頭蓋骨は学校の理科室に飾られることになった。

発見者として私は注目され、鼻が高かったが、自分のものに出来なかった悔しさも覚えた。

そこで、三日ぐらいして、独りで再び川原に行ったのだった。

また犬の頭蓋骨が落ちていないかと期待したのだ。よし子ちゃんのことも誘ったのだけれど、ついてきてくれなかった。犬の頭蓋骨が怖かったから、と言うのだった。そういえば彼女はあれに一度も触っていなかった。

私は独りで、骨を見つけた大きな石のところまで行ってみた。

石はまだあった。

しかし、上が黒っぽいタール状のもので汚れており、太ったハエが飛び交っていた。

近寄ると鼻が曲がりそうに臭く、激しい嫌悪感が湧いた。とてもではないが、触れない。

新しく火を焚いた痕跡が石のすぐ近くにあり、犬の頭蓋骨を私たちが持ち去ったのちに、誰かがここを訪れたことは確実だった。

その誰かとは、犬の頭蓋骨の正当な持ち主だったかもしれない。

そう思うと、泥棒をしたやましさが胸の奥から急に噴き出してきた。

そこで私は、後ろを向いてその場を逃げ去ろうとしたのだが、振り向くと、こちらに向かって男の人が歩いてくるところだった。

ここまで、あと二〇メートルもない。中年の大柄な男性で、汚れたTシャツにベージュの作業用ズボンを裾をまくりあげて穿いている。

片手にバケツを提げていて、バケツの縁から鉈《なた》か何かの柄が飛び出していた。

「ここで何をしてる?」

と男は私に訊ねた。

私は答えず、再び後ろを向いて、臭い石の横を走って通り過ぎ、土手を駆け上った。

男が追ってくるようすがなかったので、土手の上から見下ろすと、彼はゴム草履を履いた足で無造作に川に入り、バケツと、その中のものを浅瀬で洗い始めた。

……と、たちまち男の周囲の水に真っ赤な雲が生じた。

直感で、「血だ」と思い、私はその場で立ち竦《すく》んだ。

すると、視線を感じたのか、男がこちらを振り仰いで、手にしたものを高く掲げて見せた。

鉈だ。私の二の腕より長そうな刃が水に濡れて、ギラリと陽光を照り返した。

男は恐ろしい笑顔を私に向けて何か言いかけたが、私は悲鳴をあげて、今度こそ振り向かずに一目散に走って逃げた。

それから数日して、同級生の男の子たちが、町内の雑木林で怪しい人物が犬を解体している場面に遭遇し、大鉈で脅されるという事件が起きた。

犬の死骸を捌《さば》いていたのは、大柄な中年男性だったという。

少年らは無事で、警察官が現場を確かめに行ったときには、犬の死骸はすでになく、怪しい男も消えていた。

雑木林は、私が頭蓋骨を見つけた川原から近く、結びつけて考えないわけにはいかなかった。

先生も私と同じように考えたのだろう。いつのまにか、例の頭蓋骨は理科室からなくなっていた。先生に訊くと、大学のときの同級生にあげてしまったということだった。

雑木林でバラバラにされていた犬が、よし子ちゃんの知っている人の飼い犬かもしれないと聞いたのは、夏休みの直前のことだ。

「うちに入院していた女の人のうちの犬が、行方不明なんだって。入院中にいなくなったんだけど、旦那さんが内緒にしてたの。退院したから、奥さんにもわかったんだって」

「でも、赤ちゃんを産んだから、あまり寂しくないね」

よし子ちゃんのうちに入院している患者さんはみんな、赤ちゃんを産む寸前か、産んだばかりの人だったので、私は犬がいなくなっても赤ちゃんがいるのだから……と、単純な頭で思ったのだ。

けれども、よし子ちゃんは首を横に振った。

「ちゃんと生まれなかったの。死産だって。お母さんも死にそうになったって。双子だったけど、二人とも駄目だったそうなの。おまけに犬までいなくなって、すごく弱ってる」

「かわいそうだね」

「うん。真っ青な顔で、昨日来た。一緒に来た旦那さんも真っ青。二人とも幽霊みたいで少し怖かったけど、そんなこと言っちゃいけませんて、戸田さんに叱られたの」

戸田さんというのは、よし子ちゃんのうちのお手伝いさんで、五〇年輩の気さくでお喋りな女性だった。

よし子ちゃんの両親は二人とも医者で忙しく、いつも、医師や看護師、患者についての噂話の出どころはすべて戸田さんだった。

私が戸田さんに会ってその話を聞いてみたいと言うと、よし子ちゃんは「いいよ」と言った。

戸田さんは私とよし子ちゃんに冷えた麦茶とカステラを出してくれた。

双子を死産して犬も失くした患者さんについて聞かせてほしいと言うと、怒りもせず、むしろ話したくてうずうずしていたようすで、喋りはじめた。

「こないだ雑木林で犬が殺されてるのを見た子たちがいるんでしょう？　あの犬が、そうなんじゃないかって、ご主人が言ってました」

件《くだん》の飼い犬がいなくなったときと時期がぴったり合うのだと戸田さんは説明した。

「奥さんて人は、小柳ルミ子みたいな美人で、他所《よそ》から来た人です。ご主人の方は、昔からこの辺りの人ですよ。ほら、よし子ちゃんたちの学校の隣の市立中学校、あるでしょう？あそこが出来たのが戦後二年ぐらいした頃で、ご主人、一期生だったって言っていらしたから。すごく良い車に乗っていらっしゃるの。地主さんなのかしらね」

戦後から昭和の高度成長期にかけて、関越自動車道、国道三九号、東武東上線などが出来るたびに、用途地域に土地を持っていた界隈の地主は金持ちになっていった。

戦後二年した頃に中学生というと、夫の方は、当時ですでに四二歳以上ということになる。華やかな美貌の妻は、だいぶ年下だったのだろうか。

川原で遭遇した男も、四〇代ぐらいに見えた。風体からして、まさか電車で来たわけもないから、彼も地元住民に違いない。

あの犬の頭蓋骨は何だったのだろう。

そして、川の水に溶けだした赤い鮮血は……。それから、雑木林で男の子たちが見た風景は、いったいどういう意味を持っていたのだろう……。

男同士の嫉妬は怖いものだと聞く。

双子を死産した美貌の妻の夫は、やはり土地成金で、同級生に激しく嫉妬されたのだ。

そして呪いをかけられ、双子は死産、妻は病んでしまった。

そうした不幸は、すべて呪詛によって惹き起こされたのだ。

呪ったのは、あの、川で出遭った大柄な男だ。

――という筋書きを私は想い描いたが、もちろん、これは事実でも何でもない。

民俗学的な豆知識がブースターの役割を果たして生まれた、いい加減な想像である。


民俗学者・谷川健一は、著作『魔の系譜』の「犬神考」という章で、貧富の差に因る羨望や排除の意識や差別・被差別の問題と絡めて、犬神と蠱毒（呪詛）を考証している。

「差別する者と差別される者との間には、どんな恐怖が生まれるか。ということを『憑きものすじ』を通して考えてみたい。憑きものとは、犬や狐や蛇などの動物神が人に憑くことを言う。地方によっては、そうした動物神を代々伝えもつ家系《すじ》がある、と信じられている。そこで動物神を持つ家すじと、そうでない家すじとの間に恐怖が生まれる。この恐怖が現代でもどのように生きているか」

そして問題の犬神はどうして誕生するのかというと、このようにする。

「生きた犬を土中に埋めて絶食させておき好物の餌物を鼻先におくと、犬の眼が吊り上がる。

そこを見はからって首を切りおとし、箱におさめて祀ると、よく人に憑くようになる（略）その方法の残酷さと特異さは、黒魔術を駆使する呪術師のすがたを想定させずにはおかない」

これは中国の蠱毒という呪詛法によく似ている。

中国の明代の書物『本草綱目』によると、虫や小動物などをひとつの容器に閉じ込めて共食いさせ、生き残った動物を殺して、干して焼いた灰を呪う相手に飲ませるのだそうだ。

中国には、犬ではなく、猫を用いる「猫鬼」という呪法もあった。蠱毒にはさまざまなバリエーションがあるようだ。

さて、犬神による呪いはどのようなものかというと――。

「昭和二十六年に島根県邑知郡のある町で一つの事件がもちあがった。安部某の小作人である三田某の子供が生まれて間もなく死んだことから、その死因は安部某の所持する犬神が子供を食い殺したのだという噂が立った。（略）」

など、呪われた者の身辺に災いをもたらすということだ。

小松和彦の『呪いと日本人』には、こう書かれている。

「動物神は、祀り手の命令で活動するだけではなく、生霊と同様に、祀り手がある人物を憎んだり妬んだりしただけでも発動するという」

それだけでなく、蓄財の邪法でもあり、祀り手を豊かにもするという。

〈犬神すじ〉と言われる者は、結婚できなかったり差別されたりもしたが、同時に豊かな家柄の者である場合も多かったということになるだろうか。

豊かさへの嫉妬を差別することで清算する、ガス抜きシステムとしての憑き物すじ伝説。そんな捉え方も出来るかもしれない。


大人になった今にして思うと、一九七五年（昭和五十年）頃のあの懐かしい町も、人々の妬み嫉みにまみれていただろうことは想像に難くない。

清らかな小川を、稲穂の揺れる水田を、素朴な暮らしを潰して、大きな道路が鉄道が、駅が学校が、スーパーマーケットが——そういう便利で新しいものが続々と小さな町にやってきた、あの頃。

昭和四十年以降の大規模土地開発で出来た「北坂戸団地」の子、つまりニューカマーだった私と親しくしてくれた土地に生え抜きの子は、産婦人科医院の子、よし子ちゃんただ一人だった。

面と向かって、「団地の子とは遊ぶなって言われているの」と級友から言われたこともある。

思えば、よし子ちゃんもやや孤立していた。

よし子ちゃんのうちは、他の家より飛びぬけてお金持ちで、生活スタイルが平均的ではなかった。

お手伝いの戸田さんは地元の人だったが、年端もいかない子供たちに黒い噂話をするときの喜々としたようすは、どうだろう。当時の戸田さんと自分が同じ年輩になってみれば、少々非常識だと感じるが、同時に、その気持ちも理解できるのだ。

よし子ちゃんが薬を泥棒していることを院長夫妻、つまりよし子ちゃんの両親に告げ口したのは戸田さんだ、白衣を着たよし子ちゃんのお母さんから、私もよし子ちゃんと一緒に叱られたのだった。

そのとき、そばに戸田さんも立っていたという気がする。

そして、どういうわけか、叱られてしょげかえる私たちを眺めながら笑顔だったと思うのだ。

その笑顔が、川の浅瀬から土手の上の私を見上げた男の笑顔と重なる。

男の毛深い脛《すね》を濡らした赤い水と、鉈の輝き。白く乾いて軽い、犬の頭蓋骨。緑の藻の匂い――八歳の夏は、その美も禍々《まがまが》しさも、いつでも鮮やかに蘇る。

一一　禁をやぶると

中一の二学期、とある週末、仲良くなった女友だちの家へ泊まりがけで遊びに行った。小学校では学区が違い、入学するまでは会ったことがなかった女の子だった。

中学に入ってたまたま同じクラスになり、急速に親しくなったが、一学期の間はまだ付き合いが学校内に限られていた。家に行くのも初めてだった。

公園で待ち合わせをして、彼女に連れていってもらったのだが、ずんずん山の中へ入っていくので驚いた。

山の中といっても、人が踏み固めた小路はある。両側を木々に挟まれた小路を歩いてゆくと、やがて目の前が急に開けて、車がギリギリ擦れ違えそうな幅の、舗装された道に出た。

道の両脇に、桑畑や野菜畑、鶏舎などがあり、私のうちや通っている中学校のある住宅街とは別世界に彷徨《さまよ》いこんだように感じた。

トンネルを抜けると……ではないが、山の木立を抜け出たらいきなり田舎の景色が広がっていたわけだ。

友人の家は、たいそう古風な茅葺《かやぶき》屋根の農家の建物だった。彼女の両親が古い農家の屋敷を買い取り、改築して一家で住んでいたのだ。家の外観は、ひどく古めかしかったが、中は快適で、トイレや台所は現代風に直されていた。

ただし、風呂は、元々そうだったように、家の外にあった。風呂場があるのは庭の隅で、勝手口か縁側から出て、四メートルか五メートル、たいした距離ではないが、飛び石が置かれた小路を少し歩いていかなければならなかった。

夕食後、風呂を使わせてもらった。風呂場の建物の庇《ひさし》の下に照明器具が取り付けられていて、飛び石を照らしていた。また、庭の反対側の隅には誘蛾燈もあったので、歩くには充分な明るさが確保されていた。

風呂場の中は今風に改造されていた。入浴後、うちから持ってきたパジャマを着て、貸してもらった半纏《はんてん》を羽織って、再び外へ出た。そのとき、母屋の横に、柵のようなものがあることに気づいた。

好奇心から近づいてみると、それは両開きの柵づくりの木の門で、閉め合わせた上に鎖を絡めて、鍵のかかる錠前で留め付けてあった。

家に戻り、友人にあれは何かと訊いてみたところ、あの奥に小さな神社の祠があるのだという。

祠は傷みが酷く、数年前、この家に引っ越してきたときには、打ち捨てられてすでに久しいようすだった。彼女の両親は、それを建て直すことも考えたのだが、お社《やしろ》に触ると、誰でも必ず怪我をしたので、修繕することも出来ないのだとか。

「父も母も怪我をして、最後に工事に来た工務店の人が入院するほどの重傷を負って、それ以来、お父さんがあそこに近づけないようにしてしまったの」

でもね、と彼女は声をひそめて続けた。

「私は、何度も内緒で行ったことがあるんだ。明日、見に行く?」

是非もなかった。わくわくしながら床《とこ》に就いた。友人宅はみんな布団を敷いて寝る習慣で、私も客用の布団を友人の隣の壁ぎわに敷いてもらって、そこに横になった。

深夜まで、おしゃべりしていた。私は慣れない環境で神経が鎮まらず、先に友人が眠ってしまった。天井を見上げると木目のある板張りで、敷き布団の横の壁は砂壁だった。

まるで時代劇の舞台か老舗旅館のようだ、と面白く思っていたが、やがて、壁の外を引っ掻くような音が気になりだした。家の外壁を、木の棒か何かでカリカリと引っ掻いている。

私の布団のすぐ横の壁、この外に誰かいる――しかしここは二階なのだ。鳥肌が立った、と、思ったら、今度は天井裏を何かがガタガタと音を立てて駆け抜けた。私は慌てて友人を起こし、今あったことを伝えた。友人は寝ぼけ眼をこすって、微笑んだ。

「ムジナがいるんだって。タヌキに似てるけどタヌキより身軽で、屋根裏にも入り込むんだって。そうじゃなきゃイタチ。イタチは、台所で卵を盗むから性質《たち》が悪いんだよ。イタチなら壁も登れるし」

翌朝、友人のご両親の目を盗んで、私たちはさっそく例の門を乗り越えた。幅一メートル弱の小路が、家の壁に沿って奥へ伸びていた。ところどころに廃材が積んであり、歩きづらかった。

小路を進むうち、やがて私は、この壁の上の方が、昨夜布団で寝ていたところの外側に当たるはずだと気がついた。見れば、その部分のみならず、壁一面に細かな爪の跡のようなものがびっしりと印されていた。

尖《とが》った爪を持つ小動物の仕業かと思えたが、イタチにしては手足が大きすぎるようだった。そう指摘すると、友人は、

「それじゃあ、ムジナ」

と答えた。ムジナは壁を登るのだろうか。登るにしても、こんなに壁中を這いまわるものだろうか……。小路は家と雑木林に挟まれていて薄暗く、朝だというのに気味が悪かった。

やがて、小路は家の角を回り込んだ。角を曲がってすぐのところに、半ば崩れた祠が、私たちの行く手を阻んで立ち塞がるように建っていた。

かつて鳥居だったものの残骸がそばにあったが、すでに赤い塗装も剝げて、よく見なければ何だかわからない。祠《ほこら》も、板壁は腐ってところどころ穴があき、緑青をつけた銅葺きの屋

根も傾いていた。

すべて暗い色にくすんで腐っている中で、ただ、祠の中の瀬戸物の狐たちだけが輝くように白かった。狐は一〇匹もあっただろうか。やたらとたくさん並んでいた。友人は、これらの狐は元から置いてあったものだと説明した。

「じゃあ、行こうか」

私は拝んでいかなくていいのだろうか、と、困惑しながら訴えた。すると友人は、

「ここは、拝んじゃいけないの」

とつぶやいて祠の方を向いた。じっと狐たちを見ている。

「拝んだら、家の中まで、ついてくるかもしれないから。前に拝んだとき、夜、布団の中で何かに脚を噛まれたの」

そう言って、友人は裾をまくって片足の脛を見せた。あらためて見せてもらわなくても、そこに傷痕があることは、体育や水泳の授業の折に目にしていたので知っていた。

紫色のケロイドが弧を描いているのだった。掌の半分ほども長さがあり、目立つ傷痕なので、気の毒に思っていた。友人は怪我をしたときのことを思い出したらしくて、涙ぐんだ。

「凄く痛かった。小学生のときだけど、化膿して熱も出て、本当に大変だったんだから。そのとき、お母さんから言われたの。ムジナかイタチだと思いなさいって。それから、本当は行くのも禁止だけど、もしもここに来ても、絶対に拝んじゃダメ、放っておくのがいちばん

いいって」

彼女は、そんなことがあっても、傷が癒えると再び、祠を見てみたくなったのだという。

「何となく、たまに来たくなるのよ。うちの親には言わないでね」

それから私たちは何食わぬ顔をして母屋に戻り、彼女の両親と一緒に朝食を食べた。

朝食後、ゆうべ寝た二階の友人の部屋へ行くと、壁の外から、またカリカリと鳴る音がしてきた。友人が、生真面目な表情で私に忠告した。

「こういうときは、壁を叩いちゃいけないのよ。叩くと、指を嚙まれるから」

言われた途端、友人の利き手である右手の親指にも派手な傷痕があったことを私は思い出した。

一二　まれびとの顔

五歳の頃、住んでいた世田谷の町には、頻繁にチンドン屋が現れた。

チンドン屋は、新劇にでも出そうな時代装束を着込んで大きな髷《まげ》を結った鬘《かつら》をかぶったりピエロの格好をしたりと派手ななりをして、鉦《かね》や太鼓を文字通り「チンドン、チンドン」鳴らしながら通りを練り歩き、広告宣伝の口上を述べる商売だ。

だいぶ少なくなったが、人の話によると今でもどこかにいるらしい。私自身は、もう何年間も、まったく見掛けていないが。

私が幼児の頃……というと、四十数年も前になるけれど、その当時は本当に多かった。世田谷でも閑静な住宅街には全然来なかったが、三軒茶屋など繁華なところに行くと、毎日のようにチンドン屋に逢うことができた。

小さな子供にとってはチンドン屋は憧れの的だった。テレビの中にいる歌手や有名なスポーツ選手への憧れとは別の種類の、もっと身近な存在でありながら、何処ともわからない他所《よそ》の世界から来て、そして再び去っていく者たちへの羨望であり、夢だったのだと思う。まわりの大人たちと違う不思議な格好をして突然やって来ては、風のように去っていく。ほとんどいつも親や幼稚園の先生の監視に行動を縛られている幼児としては、憧れずにはいられなかった。

そういう意味では、セールスマンにも魅力を感じていた。予告もなく玄関を訪れては、布団やカーテン、常備薬、大箱入りのマッチ棒などを「買いませんか?」と言ってくる。

こういう突撃型のセールスマンは、今やチンドン屋以上に絶滅種だろう。私が幼い頃は、家族で住んでいたアパートによく現れては、ほとんどの場合、母や祖母に追い返されていた。

チンドン屋もセールスマンも、今にして思えば、折口学でいうところの〈まれびと〉の一種だ。

民俗学者の折口信夫は、見知らぬところから来る芸能者や鋳物師、行商人などの移動職業民や、広義の意味での「客人《まろうど》」を〈まれびと〉と呼んだ。

そして、まれびとは本来「神」であり、その神は常世の国から現世に来訪することなどを現存する民間伝承や記紀から推定し、まとまった概念としての「まれびと論」を形成した。「まれびと論」は、昨今では学問的な客観性に欠けるという批判もある。

しかし、折口信夫の『古代研究』に収録されている「国文学の発生〈第三稿〉」という論文で、沖縄におけるフィールドワークによって、〈まれびと〉の概念を着想したなどと書かれているのを読むと、遥か海の彼方の〈ニライカナイ〉への憧憬を掻き立てられ、強く惹きつけられるのだ。

ニライカナイは、沖縄県や鹿児島県奄美群島に伝わる理想郷で、常世《とこよ》の土地ではなく、年の初めには、そこから神が訪れてきて、此《こ》の世に豊穣をもたらすと言い伝えられている。

そして、ニライカナイと言えば、波照間島である。

と、言っても、ご存知ない人には一向にピンとこないだろうが、波照間島という、沖縄県は八重山諸島の、日本で最南端の島があり、そこにはニライカナイ伝説と通じるパイパティローマの伝説があるのだ。

パイパティローマは、島言葉で「南（パイ）の果ての（パティ）サンゴ礁（ローマ）」という意味だ。漢字で「大波照間島」あるいは「南波照間島」と書いてパイパティローマと読ませることもある。

ニライカナイは辰巳の方角（東）にあるそうだが、パイパティローマは波照間島のさらに南方に位置し、ニライカナイと同じように、天国のごとき楽土であるとされている。

琉球王府が記録した『八重山島年来記』によると、一六四八年（正保五、慶安元年）、波照間島平田村の人々四、五〇人が、海を越えて渡っていったという。

重い人頭税に苦しめられたあげくの逃亡だったとされているが、彼らは本当に、波照間島を出ていったきり、二度と帰ってこなかった。

四〇を過ぎてから訪れた波照間島で、最南端の碑《ひ》が建つ高那崎から眺めた海は、どこまでも遠くへ青い水面を繰り延べていて、まるで果てがないように見えた。

この海原をずうっと真っ直ぐ南下すると、フィリピンのルソン島に到着すると聞いたが、一七世紀、平田村の人々は、こんな海へよくぞ漕ぎだしたなと思った。さぞ、恐かったろう。目的地が、まるで見えないのだから。

青い荒野を潮風ばかりが吹き渡る——波照間の海は、「波照間ブルー」と呼ばれる、エメラルドがかった眩しいライトブルーの色を誇っている。

水そのものが蛍光を帯びて輝いているではないかと思うほど、独特の強く光るようなブルーが沿岸部を取り巻いているのだ。夏場には、ことにこの色彩が鮮やかだ。

島から遠ざかるにつれ、海の色は暗くなる。紺碧から群青へ。そして水平線で淡くかすんで、空の蒼と一体になる。

生きとし生けるものの魂はニライカナイより出で、死ねば再びニライカナイに去るとも言われている。

伝説の浄土は、島を逃れた村人を温かく迎え入れてくれたのだろうか。

二〇一二年の夏に、家族で波照間島へ行ったときのことだ。

その頃、七歳だった息子と一緒に、私はニシ浜で泳いでいた。息子も私も泳ぎは達者で、二人とも足ひれとシュノーケルを着け、素潜りして遊んでいた。

ニシ浜のサンゴ礁は、それはもう見事なもので、波打ち際から二〇〇メートルも行ったリーフの端を外から見ると、高さのあるビル群のようにサンゴの層が連なっている。

そこを大小さまざまな魚が行き交い、時には海亀も泳いでくる。

後ろに目を転じると、肌理の細かい純白の砂が敷き詰められた海底が広がっていて、先へ行くほど暗くなり、水で出来た紺色の宇宙の彼方へ消えていく。

水の宇宙へ行けば死んでしまう。

本能がそう告げるので、私と息子はリーフから決して離れず、頭を浜の方へ向け、度々岸辺を目視して、距離と方角を確認していた。

引き潮のときに沖へ流されないように気をつけなければならない。

満ち潮でも、波が高くなれば危険だ。リーフに叩きつけられたら、一巻の終わりである。

美しい熱帯の海は、気を緩めれば一転して青い地獄となる。

一週間ばかりの滞在の、終わり頃のことだ。

ニシ浜に毎日通っているうちに、息子に大きな白い魚の友だちができた。

この辺に多いアオブダイでもハギの仲間でもない、体長が一メートル以上ありそうな白っぽい肥った魚だった。

それが、リーフの外側で、私と息子を待っていて、私たちの姿を見るや、円を描きながら近づいてきて、次第に半径を狭め、しまいに息子の周りをくるくると回りだす。

そんなことが三日、四日、続いていた。

息子を餌だと思っているなら恐ろしいことだが、まったく攻撃はしてこない。

スズメダイのように突いてくるわけでもなく、上へ下へ、息子を視界にとらえながら、面白そうに周りを泳ぎ回るだけだ。

はじめは息子が持っていた、魚寄せの魚肉ソーセージが目当てだったに違いない。が、餌がなくなってもそばを離れようとせず、踊るように泳ぎ回るのだった。

息子は七歳にして一〇メートルも垂直潜行できてしまうといった河童のような泳ぎの才に恵まれていたので、魚は、あるいは自分の仲間だと思ったのかもしれない。

大人の私には、その魚はあまり近寄ってこなかった。

子供にしては筋肉質の、逞《たくま》しい体つきをした息子が、達者な泳ぎで水中に輪を描いてみせると、魚も真似して輪を描く。

それはそれは幻想的な光景で、私は夢中で、彼らを目で愛でた。

そのときは、ことに、息子も魚も調子がよく、竜宮城の鯛や平目の舞い踊りとはこういうことだろうと思うほどだった。

楽しく眺めているうちに、いつのまにか、私は沖の方を向いてしまっていたらしい。

海の彼方から、潜水した何かが近づいてくるのが見え、咄嗟《とっさ》に、自分たちがしばらく頭を浜の方に向けていなかったことに気がついた。

急いで後ろを向いて頭を水面に出し、岸辺を確認する。大丈夫。潮に流されてはいなかった。

少し安堵しながら、再び沖の方からこちらに接近してきたものに視線を戻した。

亀か、翼は見えなかったがイトマキエイだろうか、と思った。

……人だった。

裸の男、しかも相当な年寄が、シュノーケルどころかゴーグルや足ひれすら着けずに、潜って泳いでくる。

海面から一メートル以上、潜ったまま、息継ぎをせず、飛ぶように近づいてくるのだ。

息子も気づいて、不安そうに私に近づき、手を握ってきた。

母子で手をつないで、見守る中を、老人は水を縫ってやってくる——バタ足ともドルフィンキックともつかない、その中間のような泳ぎで、腕は使わず、静かな、優雅な泳ぎっぷりだった。

七〇歳は超えているだろう。もっと歳がいっているかもしれない。顔も体も、一面に皮がたるんで皺《しわ》ばんでいる。

しかし、太からず細からず、頑健な体つきで、上背もありそうだった。

擦れ違うとき、彼が褌《ふんどし》を穿いていることに気がついた。白い褌であるようだ。

実際には、彼に気づいてから擦れ違うまで、ほんの三分弱の出来事だったのだと思う。

私たちの横を行き過ぎるとき、老人は穏やかに微笑んでみせた。

瞳が、鈍い銀色をしていた。

あるいは、単に白内障なのかもしれないが、魚の眼のように底が光って見えた。

取り残された私たちは、少しの間、呆気にとられて彼を見送っていたが、やがて潮が引いてきたのに気がついて、浜へと急ぐことにした。

干潮になると、サンゴ礁の上を泳いで帰れなくなってしまう。

老人が来なかったら、リーフの外に閉じ込められていたかもしれないと思うと、ゾッとした。サンゴと岩の壁が立ちはだかり、外洋に閉じ込められてしまう。それは、引き潮にさらわれるのと同じくらい、絶対に避けねばならないことだ。

生きたサンゴには毒があり、じかに触れれば、火ぶくれのような酷いかぶれを起こす。また、リーフを形成しているサンゴ岩は剃刀《かみそり》を滅茶苦茶に埋め込んだようなもので、うかつに手や膝をついたら、ざっくりと肌が切れる。

ニシ浜のこのあたりでは、干潮のときにリーフの外周あたりを歩いていた観光客が、波にさらわれて亡くなったことがあるそうだ。外側に落ちたが最後、這い上がれなくなったのだろう。

満潮を待てば泳いで戻れるが、焦って無茶をしたり、あるいは波が強くなったりすれば、岸壁に擦れて全身が傷まみれになり、たちまち溺れてしまうに違いなかった。

白い大きな魚は、いつのまにか姿を消していた。

私と息子は、なんとなく手をつないだまま、引き潮に逆らい、岸に向かって泳いだ。

砂浜にたどり着いてから、息子は怯えた顔を私に向けた。

「怖かったね、おかあさん。あのお爺さん、どこから来たんだろう？」

それもそうだが、それ以上に説明のつかないことがあると私は思っていた。

老人は、一度も息をしていなかった。

通り過ぎざまに見たとき、鼻からも口からも、一粒の泡も吐いていなかったのだ。


八重山諸島で私自身が体験した不可思議なことはそれぐらいのものだが、人から聞いた話なら、他にいくつかある。

そのうちの一つは、石垣島のタクシー運転手から聞いた。

私は観光旅行のために、ここ一〇年近く毎年、多い年では年に三度も、沖縄県の八重山諸島に行っている。

白い魚や謎の老人に遭遇した年の前年、たしか、二〇一一年（平成二十三年）だったと思う。私と夫と息子は、前もって予約しておいた西表島の宿に移動するために、石垣島の空港から離島桟橋へ向かうタクシーに乗っていた。

まだ、離島桟橋から遠い白保北の盛山に「南ぬ島石垣空港」が開港する前のことで、真栄里にあった旧石垣空港から離島桟橋までは、タクシーに乗れば、ほんの一五分ほどだったろうか。

陽気な、話し好きのタクシー運転手だった。

見事な白髪頭から推すに還暦は過ぎていそうだが、八重山の男性に多い肉厚でガッシリした体つき。彼は車を走らせ出すやいなや話し始めた。

「お客さん、離島桟橋の近くに、とても良い土地が空き地になってるんだけどね。土産物屋でも旅館でも、建てれば必ず流行りそうな場所なのに、店や何かが出来ても、しばらくすると潰れちゃうんだよ。夜逃げしたり、主が急死したり、火事が起きて建物が焼けたり……。何か月ともたないから、それで凄く強いセジ（霊能力）があるユタに、そこを診てもらったことがあるんだって。そうしたら、この土地は龍神様の通り道で、龍神様のお怒りに触れるから、ここに何か建てても難しいだろうという、託宣があったそうだ」

〈ユタ〉とは民間の霊能者・霊媒師であり、かつ、占い師であり、地域のよろず相談事請負人でもある女性である。

沖縄では「ユタ半分、医者半分」と言われるほど古来から頼りにされている、生ける大地母神的な存在、それが〈ユタ〉だ。

「住んだり商売したりしちゃいけない土地というのが、やっぱりあるんだなぁと思ったよ。俺の幼馴染も、それで弟を亡くしたんだ」

亡くしたとは穏やかではない。さっきの話はいわゆる枕だったのだろうと思いながら、何があったんですか、と私は訊ねた。

「俺のうちもそうなんだが、幼馴染の家は代々漁師で、俺は漁師だけじゃ食っていけないからタクシーなんかやってるわけだけど、幼馴染のところでは旅館を始めた。それが、そここ当たったんだが、弟が気を腐らせた。というのも、旅館で、下男みたいな扱いだったから。でも、仕方がないんだ。幼馴染は長男だし、高校をちゃんと出て、那覇のビジネススクールにまで行ったけど、弟っていうのは勉強が大嫌いで中学でも劣等生だった。だけど、車や船はやれるし、力は強いという男だったんだ。

今から二〇年も前になるが、幼馴染はとっくに結婚して子供もいたが、弟は四〇近くなっても、まだ独身だった。それで、腐った。いい歳して、世をすねて、毎日飲んだくれて、もうどうしようもなくなった。家族の厄介者さ。ところが、急に、旅館に泊まっていた女のお客さんを口説いて、男女の仲になったかと思うと、結婚したいと言い出した。どこから来たのかわからない女の人だよ？　連れもいなくて、独りで来て、一〇日も宿泊予約してたそうなんだ。荷物もほとんどなくて、弟と付き合いはじめる前は、毎日、独りで浜辺でぼんやりしてたんだって」

それは怪しいですね、と私が言うと、バックミラー越しに運転手はうなずいた。

「うん。自殺でもする気なんじゃないかって、幼馴染は心配してたそうだよ。だけど弟と付き合いはじめたら、女は人が変わったみたいになって、結婚してやるから、旅館の裏の海沿いに、家を建ててくれと言いだしたそうだ。幼馴染のうちは、昔からその場所に少し土地を持っていたんだ。女は、弟とそこに住んで、商売をしたがった。幼馴染は、いったんは断った。幼馴染の伯父さんが、返還してすぐの頃に、その場所で夏だけ開ける食べ物屋をやったんだが、流行らなくて、破産して奥さんと無理心中したんだって。それきり、放ってあった土地だったから」

一九七二年（昭和四十七年）の沖縄返還から二、三年後に、沖縄を訪れる観光客が激増した時期があった。復帰直後は四四万人だった観光客が、一九七五年（昭和五十年）には一五六万人にまで増えたという。

しかし当時は沖縄本島が観光産業の中心で、石垣島の隅々にまでは、ブームの波が届かなかったのかもしれない。

「真栄里ビーチみたいな有名な場所じゃなかったし、いわくつきの土地だから、買い手もつかなかったんだろう。結局、そこで幼馴染の弟と女は商売を始めた。水道は引けてたから、喫茶店みたいなのに、ゴムボートや何か、海のものを貸しだす場所や簡易シャワーの設備を付けて、夏中稼ぐつもりだったみたいだ。冬は店を閉めて、兄貴の旅館の手伝いをするか、俺みたいにタクシーの運転手をやれば、夫婦でなんとか暮らせるだろう。俺は、お祝いに行こうと思っていた。幼馴染から話を聞いていたから、見てみたかったんだ。海辺の店も、その女の人も……なんでも凄い美人だということだったし……。

ところが、俺が行く前に、弟は船で海に出たまま行方不明になって、すると女のようすが変わって、まるで別人になってしまったんだそうだ。ようすと言うより、顔が、違ってしまったんだって。……わけがわからないよね？　俺も、最初に幼馴染から電話で話を聞いたときはわからなくて、何度も聞き直した」

男が海で失踪したその日から、美しかった女の顔は、別人のように変わってしまったのだという。

それも、肌が荒れた、やつれた、というものではなく、造形からしてまったく別のものになったのだそうだ。

「最初からそういう顔だったんじゃないかって、俺は幼馴染に訊ねたが、違うって。幼馴染は、スッキリした切れ長の目の和風の顔だちの女の人が好きだったんだが、女の顔は、最初はちょうどそんなタイプだったって。でも奥さんは、違うよ、ハーフみたいな派手な美人だったじゃないのって言ったんだそうだ。おまけに、旅館の従業員も、全員、違うことを言う。綺麗な女だったという点だけは一致してる。でも、あとはみんなバラバラで、別の女のことを話しているみたいになった。それで、幼馴染と奥さんは、前に撮った女の写真を見て確かめたんだが、どの写真も、今の顔になっていた。

そのうち、女はフッと行方をくらましてしまったんだって。きっと、みんなに顔のことで騒がれるのが厭になったんだろうな。弟と女は、まだ籍を入れていなかったから、それっきりになったと聞いてるよ」

醜く変わったのか、最初から醜かったのか、それはわからないが、どのぐらい見苦しい顔だったのか気になり、運転手に訊ねると、

「人じゃないみたいに、おかしな顔だったと幼馴染は言ってたよ」と彼は答えた。

「怖いほどの不細工だったそうだ。魚か何かが人間の女に化けそこねたようだったたって。あいつは、ふだん口が悪い奴じゃないから、よっぽど凄い顔だったんだろう。それでまた、俺はつい興味がわいて、写真を見せてくれと頼んだんだが、女が全部持っていってしまって、一枚も残っていないんだと。

弟の船は、しばらくして沖合を漂流しているのが見つかった。

でも、遺体は見つからずじまいで、幼馴染やその家族は、あの女に海に引きずり込まれたんだろうって言ってる。

あの女は海から来て、また、海に帰っていったに違いないって、みんな信じてるのさ」

一三　海霊の人魚

この稿を書いていた二〇一六年（平成二十八年）十一月二十二日の朝、福島県沖を震源地とする震度五の地震が起き、津波警報が発令された。

二〇一一年（平成二十三年）三月十一日の東日本大震災を思い起こさずにはいられなかった。しかしながら、こうしたときに感じる恐怖や不安の性質や度合いは、日本人と他国の人とではずいぶんと異なるようだ。

その朝の地震が報道されたあとでＳＮＳでメッセージを送ってきた海外の友人たちの中には、私の冷静さを大仰に讃えたり、自分なら日本には住んでいられないと一種の皮肉を言ったりする者がいた。

古から日本列島に住まう人々は地震や津波にある意味親しみ、知識を蓄えてきた。そのため、怯え方が傍目には生温く感じられるようなことになっているのだろう。

東日本大震災のときには、福島県の浸水線（津波が到達したライン）に沿って神社が建っていることが、震災後の二〇一一年八月、土木調査によって発見された。神社のわずかに手前で津波が止まったケースが非常に多く、此《こ》の世のものではない不可思議な力が働いているかのように見えたという。

実際、現地では「津波が来たら神社に逃げろ」と言い伝えられていたと証言する被災者もおり、「ご先祖様が救ってくれた」と感じた人々も少なくなかったという。

しかし、古い神社が、浸水線の際、あるいはすぐ後ろに建立されていることには、合理的な理由がありそうだ。

その土木調査の結果では、調査した八二社の神社のうち、津波によって被害を受けていたのは一一社で、それらは慶長、正徳、明治、大正、昭和など、比較的新しく建てられた神社だったという。

江戸時代以前、古くは一〇〇〇年以上も前に建立された神社は皆、浸水線の内側にあり、すんでのところで津波の被害を免れた。このことから、過去に津波の被害が出た地域と無事だった地域との境界線の陸寄りの内側に、安全な場所であるということで神社を建てたのではないかと推察できるという説が立てられた。

仙台市の「浪分神社」や相馬市の「津神社」など、辛くも被災を免れた神社の来歴や社名の由来から、その仮説を推す意見も郷土史の研究家を中心に複数見られ、それなりに信憑性がありそうだ。

海辺に臨む神社は、人知の及ばぬ海を彼岸《ひがん》、安全な人里を此岸《しがん》と捉えた、一種のランドマークとして設けられたのかもしれない。少なくとも、そのように機能していたとは言えそうだ。神社については現実的な解釈が成り立ちそうな一方で、伝説は今も全国の海辺に残っている。

彼岸たる海原から、此岸である集落へ、時折、使者が送られてくるというのだ。使者の多くは、半人半魚の姿を取り、伝説はしばしば天災と関係する。

まずは、今朝、津波警報が出た福島県の〈人魚伝説〉から――。

福島県双葉郡浜通りに住まう漁師の浜吉は、ある日、網で人魚を捕らえた。人魚は弱っているようすで、哀れに思った浜吉は、自分の舟で休ませてやった。人魚はやがて元気を取り戻し、海へ帰っていった。

その後、嵐の夜に、浜吉の家を見知らぬ女が訪れた。女は行くあてがないと話し、浜吉は泊めてやることにした。これがきっかけで二人は夫婦になったが、女は、嫁になるにあたって、浜吉に、入浴している姿をけっして見るなと言い、これを約束させた。

一緒に暮らし始めてみれば、嫁は海の理に通じていて、嫁の助言に従って浜吉が網を打つと、きまって大漁となり、浜吉はみるみる豊かになった。

これを妬んだ網元が、浜吉に、おまえの嫁は竜宮の使いで人間ではないと言い、魚の尻尾が生えているから風呂に入っているところを見てみろとそそのかした。

浜吉は、つい、嫁との約束を破って、嫁が風呂に入っているところを覗いた。

すると、嫁は、いつか浜吉が助けた人魚だった。

途端に大嵐がやってきて、人魚は荒れ狂う海へと帰ってしまった。


どこかで聞いたような話だと思われたのでは？　人魚を鶴に、風呂場を機織り部屋にしたら、「鶴の恩返し」にそっくりである。これは〈見るなのタブー〉と呼ばれる伝承のパターンで、日本のみならず世界各地に存在する。

しかし、福島の人魚伝説には、他の〈見るなのタブー〉にはない、〈予言〉と〈天災〉という要素が付け加わっているのだ。

予言する人魚というと、〈神社姫〉を想起せずにはいられない。神社姫は〈竜宮の使者〉と言われる一種の妖怪で、二本の角と人の顔を持つ全長二メートルの魚の化け物であり、江戸時代中期の医師、加藤曳尾庵の『我衣』に記述されている。

神社姫はコレラの流行を予言したというが、『吾妻鏡』や『本朝年代記』によると、一二四七年（宝治元年）には、青森県に似たような大きな魚の化け物が現れて、こちらは戦乱の予兆だとされた。

当時の庶民にとってみれば、疫病や戦も天災のようなものだと言えたのではないか。

天災にまつわる予言をする人魚の伝説も、福島県以外にもある。

沖縄県石垣市の、石垣島にある川平湾というところには、人間の子供を抱いた人魚の像が建っている。

二〇〇七年（平成十九年）頃からつい最近までの一〇年余りの間に、私は石垣島をはじめとする八重山諸島を度々訪れている。川平湾のすぐ近くの宿に滞在したこともあって、そのとき人魚の像を目にした。母子像かと思いきや、子供は普通の人間の足が生えており、片や母親は腰から下が魚で、不思議な像だなぁと思ったという記憶がある。

なぜ人魚が人間の子供を抱いているのか？　正確なところはこれを造った彫刻家に訊いてみないとわからないが、この地にまつわる、人魚の予言によって人が守られたという伝説にルーツを求めることが出来そうだ。

石垣島の東北部に、かつて野原村《のばるむら》という美しい村があった。村の住民は畑を耕したり海で漁をしたりして、平和に暮らしていた。若者たちは夜になると海辺に出て、酒を飲み、歌や踊りに興じた。

ある晩、村の若い漁師たちがいつものように浜辺で集っていたところ、遥かな沖から、澄んだ女の歌声が聴こえてきた。

それからは夜に海辺に行くと、たびたび、この歌声が聴こえるようになった。しばらくして、月がことのほか明るい晩に、村の若者三人がサバニ（舟）を出して、漁に出た。海は凪いで、波は無く、面白いほど魚が捕れた。夢中で漁をしていると、大物の手応えがあり、大喜びでそれを引き揚げてみたところ、それは魚ではなく人魚であった。上半身は美しい女だが、下半身は魚で、若者たちは色めき立ち、さっそく村に持ち帰って皆に見せようとしたが、人魚は泣いて海に帰してほしいと訴えた。

若者たちは迷ったが、人魚が哀れでもあり、放してくれたら海の秘密を教えると言ったこともあって、海に放した。

すると人魚は若者たちに感謝して、明日の朝、恐ろしい津波が来ると告げた。

人魚が去った後、若者たちはこの話を自分たちの野原村と、隣の白保村の住人たちに話した。

野原村では、皆が人魚のお告げを信じて、家財道具を持って全員が山の上へ逃げた。白保村では、馬鹿馬鹿しいと言って、誰も取り合わなかった。

やがて夜が明けた。山頂から海を見下ろす野原村の人々の目の前で、どこまでも遠く、潮が引いていった……かと思うと、水平線に真っ黒な雲のようなものが湧きあがって広がり、轟音と共に浜に押し寄せてきた。

見たこともない大津波だ。濁流が瞬く間に村を呑み、すべてを押し流していくさまを村人たちはなすすべもなく見守った。

こうして、人魚のお告げを信じた野原村の人々は助かった。しかしお告げを信じなかった白保村の人々は、皆、命を落としてしまったということだ。

島を襲った明和の大津波の原因は、一七七一年四月二十四日（明和八年、旧暦三月十日）午前八時頃に、石垣島の南南東沖三五キロ付近を震源とする、八重山地震と呼ばれる地震である。

琉球大学理学部の研究によると震源地のマグニチュードは八〜八・七程度とされ、石垣島では震度四で、震動による被害はあまりなかった代わりに、最大遡上高三〇〜三五メートルの津波に見舞われた。

津波は三波も来襲し、石垣島を含む八重山諸島と宮古島に甚大な被害を与えた。その死者行方不明者合わせて一万二〇〇〇人。

ことに八重山諸島の被害は凄まじく、死者約九四〇〇人、一四村が壊滅し、三分の一の住民が死亡したという。

民俗学者の柳田國男は、著作『故郷七十年』の中で、津波のことを「海嘯《かいしょう》」と書いた。同書に収録されている「ヨナタマ（海霊）」は、明和の大津波と人魚の話だ。

「『宮古島舊史』に記録されてゐる話」と前置きして始まる、伊良部島で起きた出来事だという。抄訳すると、それはこんな話である。

伊良部島の沿岸部、下地という村でヨナタマが釣れた。ヨナタマは人の顔を持ち、人語を喋る魚だと言い伝えられていた。釣った漁師は、ヨナタマを保存して人々に見せようと思い、ヨナタマを炭火で炙ることにした。

その晩、漁師の家の隣の家に泊まっていた子供が、夜遅くなって急に大声で泣きはじめ、自分たちの村へ帰ろうと言い出した。内陸部の伊良部村から母子で下地村を訪ねてきていたのだ。母親は夜中だからと子供をなだめようとしたが、子供はますます泣き叫ぶばかり。

とうとう母親は子供を抱いて、表に出た。なぜか子供は母親にしがみついて震えている。どうしたのだろうと母親が怪しんでいると、遠い沖の方から、「ヨナタマ、ヨナタマ、どうして帰りが遅いのか」と呼ぶ声がした。

すると隣家の炭火の上で炙られているヨナタマが、「今、炭火の上にのせられて半夜も炙り乾かされているのだ。早く迎えをよこしてくれ」と、この声に答えた。

母親は驚いて恐ろしくなり、伊良部村に帰った。

翌朝、昨晩の下地村へ行ってみると、村は大海嘯（津波）で流されて跡形もなく、母子は自分たちだけが災難を免れたことを知った。

……川平湾の人の子を抱いた人魚像を思い浮かべてしまった。ひょっとすると、彫刻の作者は柳田國男のこの話を読んだことがあったのかもしれない。

柳田國男は、この伝説の紹介に続いて、「ヨナタマの罰を受けて村中が流されてしまつたといふのは、ヨナタマは海靈ですなはち海に神の罰を受けたといふことで、このヨナタマからヨナが海といふ言葉と同じではなからうかと思ふのである」と記している。

最後にひとつ、怪談めいた実話を披露したいと思う。

一九八九年（平成元年）頃、当時二二歳だった私は、タイのプーケット島にある小洒落たホテルに滞在していた。大きなリゾートホテルとは違う、数室しか部屋がない隠れ宿的な所で、まだ新築といってもよく、設備が整って清潔だった。

しばらくするうち、隣の部屋に泊まっている女性に、私は注目するようになった。二〇代半ばぐらいで、たいそう美人で、全身から色気を発散しており、常に年輩の男性と一緒にいる。娼婦だとしたら、それなりに高級そうな……と思っていたところ、ある日、海辺で水死体に遭遇した。

私はダイビング教室の帰り道だった。教室の仲間が前方を指差して騒ぎ出し、何かと思えば、肥満した男性の遺体が砂浜に打ちあげられている。

すでに死んでいることは明らかで、肥って見えたのは、ガスが充満した腹が膨らんでいるためだった。舌を飛び出させ、濁った眼を開いた顔は見るも無残だったが、生前の面影はあり、同宿のあの美人の連れのようだと思った。

しかし無責任なことも言えず、私はその場を立ち去ったのだった。

その晩遅く、ホテルのプールから女の嬌声が聞こえてきて、なんだろうと思って窓から見れば、例の美人がいつもの男性と戯れていた。

亡くなったのは別の人だったのだ。考えてみれば、死体があんなふうに膨らむまでには何日か掛かるのではなかろうか。何だ勘違いだったか、と思ったが、翌朝、ホテルの主人から「昨日、客が海で死んだ」と聞かされた。

詳しく話を聞いてみると、やはりあの美人の連れの男性が海で事故死したということで、遺体があがった場所なども私が見た所と符合し、間違いない。

けれども昨晩、プールで遊んでいるのを見掛けたのだが。

いつも一緒にいた女性はどうしたか、ホテルの主人に訊ねると、顔をしかめて答えない。娼婦か何か、公然と話すのは憚《はばか》られる事情のある女性だったようだ……。

不思議なこともあるものだと思っていたが、それから五年ほどして、神奈川県鎌倉市に住んでいた頃に、男の知人にこれを話したところ、彼は似たような体験があると言い、こんな話をしてくれた。

沖縄の離島のリゾートホテルで見掛けたカップルの、女の方が東洋系の外国人でとてつもない美人であり、視界に入るたびに目が吸い寄せられてしまう。気にしていたら、同じホテルに宿泊しているようだとわかった。そのうち、男の方が海難事故で亡くなり、遺体が発見されたところに、たまたま自分も居合わせた。

間違いなくその男だったのに、その夜連れだって歩く例のカップルを見て、不思議な感じがしたが、勘違いで済ませることにした。

――ここまでは場所がタイと沖縄と違うだけで、そっくりな話である。

私がそう言うと、彼は「でも、僕の方には続きがある」と言った。

「翌日、たまたまバーでその美人に会って、僕は彼女とデートすることになった。誘惑されたというよりも、そばに立たれたらもう、たちまち強く惹きつけられて、僕はすぐに死んだ男のことなんか忘れてしまった。彼女とはすぐに大人の関係になったけれど、どういうわけか、彼女はホテルの僕の部屋には泊まってくれない。午前零時を回った真夜中でも、ふと目を離した隙に帰ってしまう。

誰か他に男がいるんだろうと僕は疑心暗鬼になった。

それで、夜、海辺に行ったときに、彼女を問い詰めた。

すると彼女は海の方へ逃げた。服を脱いで真っ暗な海に入っていこうとするから、危ないよと言って、僕は追い掛けた。

彼女は沖へ向かって泳ぎ始め、僕は必死で追おうとしたのだけれど、波が意外に高くて溺れそうになり、何がなんだかわからなくて、気がついたら、波打ち際で仰向けに倒れていた。

最初に目に入ったのは夜空で、次に、彼女の顔が……這い寄ってきて、僕の顔をさかさまに覗き込んだ彼女の顔が、視界いっぱいに広がった。

彼女は目が合うと笑顔になった。

でも、その唇の間から覗いた歯が、全部尖《とが》っていて、まるで鮫みたいだったんだ。

しかも、見れば、歯だけじゃなく全身が何だか変わっていて、いわゆる人魚姫の人魚とは違うんだが、魚っぽくなっている。

僕は悲鳴をあげた。すると彼女は、濡れた両手でもって、僕の体をがっちり捕まえて、すぐに海の方へ引きずっていこうとした。何とか逃れようとしてもがいているうちに、頭から波をかぶって水を飲んでしまい、僕はまた気が遠くなった。

そこへ偶然、人が通りかかった。大声をあげて駆けつけて、僕を助けてくれた。その人には、僕が独りで波打ち際でジタバタしているように見えたそうだよ。意識がはっきりしたときには、彼女の姿はどこにもなかった。彼女が着ていた服すら消え失せていた。

あれから何年か経つけれど、どこからかは溺れかけたときに見た夢に違いないと思う半面、ではどこから夢だったのかと思うと、考えれば考えるほどわからなくなる。

誰も通りかかってくれなかったら、あのまま溺れ死んでいたことだけは確かだ。でも、それ以外は、僕にとっては今でも不思議なままなんだ」

死んだと思った男性が、遺体が見つかった翌日の夜に彼女とデートしているのは、どういうことだと思うかと訊ねたら、彼は何かを想い出す眼差しになりながら、こう答えた。

「死ぬと、ようやく一晩中ずっと一緒に過ごしてくれるようになるんじゃないか?」

一四　蛭夫

蛭《ひる》はやっかいな生き物だ。子供の頃は田んぼや沼地でよく見かけた。吸いつかれたら、火のついた線香や煙草で蛭の背中をちょっと焼くといいと教わった。無理に引き剥がそうとすると皮膚ごと剝がれて大怪我をする。

その一方で、吸血する蛭にはさまざまな薬効があるという。

血管の再生を促し、血流をスムーズにする他、滋養強壮効果まで期待できることから、古くから医療に用いられてきたそうなので、一概に害虫だとは言えない。

三一歳になったばかりの頃のことだ。

当時私はAV女優になる直前でフリーライターだったが、そうでなくともあまり売れていなかったところへ、離婚と転居にともなうゴタゴタがあって仕事が激減し、出戻った実家でやや腐り気味だった。

腫れものにさわるようにしてくる家族とやけに静かな正月を過ごし、炬燵《こたつ》で不貞寝をする日々。たまに貰う仕事は雑誌の埋め草記事で、何もかもがパッとしない。

そんな折、ひょんなことから取材を通じて私立探偵と知り合い、アルバイトを持ちかけられた。

私は即座にその話に飛びついた。

探偵という職業への子供じみた憧れがあったたし、家で鬱々《うつうつ》としていることにもいい加減飽きてきていたので。

「ねえ、あなたは蛭って知ってる?」

探偵は、物腰柔らかな話し方をする人だった——傷害罪で前科一犯がついているとは思われないぐらい。彼は美中年で、私とは気が措けない仲だったが、恋人というわけではなかった。前科があるせいで彼が遠慮したのでも、ましてや私が嫌ったのでもない。

彼には、まだ少年と言っていいぐらいのとても若い男性の助手がいた。

だから何というほど二人の関係を知りはしなかったが、この探偵と私の間には絶対に縮められない一定の距離があるということを出逢ったときから本能的に悟っていた。

そろそろ二月というそのとき、彼の事務所の机の上にはチョコレートを山盛りにしたガラスの鉢が置かれていた。

「蛭ですか。ええ、知ってますよ。田んぼとかに棲んでる血を吸うブヨブヨした気持ちわるいのでしょう？」

「そうじゃなくて、人の蛭」

「人の蛭？　何ですか、それ？」

「人の家に寄生するヤツを、〈蛭〉って呼ぶの」

「へえ。居候みたいなもんですか？」

「ううん。留守中に家に上がり込んで飲み食いしたり、勝手に風呂を借りたり。箪笥《たんす》預金や通帳と印鑑を盗ることもあるから、〈蛭〉は洒落にならないの」

「人の生き血を吸うわけですね。でも、すぐにバレそうですけど？」

「上手な蛭は、人に痛みを与えない。それに、血を吸いつくすようなこともしない」

「つまり、大金をいきなり盗んだりしないってことですか？」

「そう。たとえば、通帳と印鑑を盗んでお金を引き出せたとしても、一度には数千円しかおろさなかったりしてね。お金だけじゃなく、牛乳パックを空っぽにするようなヘマはしないし、部屋を荒らさないってこと」

「なるほど、そうやって長く寄生するんですね？」

「ええ。それが〈蛭〉。それで、今回のアルバイトなんだけど、〈蛭〉に吸いつかれているかもしれない人からの依頼が●●社から回ってきてね……」
●●社というのは創業六〇年を誇る業界最大手の興信所で、探偵は何年か前にそこから円満な独立を果たし、以来、時々古巣から小さな仕事を下請けしていた。

「あなたに依頼人さんの振りをしてもらえないかと思ったんだけど、どう？」

「仕事と心中してもいいかと思って」と言って彼女は自嘲気味に笑った。

依頼主は品の良いコンサバ系ファッションに身を包んだ、見るからに賢そうな四〇代の女性だった。

差し出された名刺にある勤め先は一流大卒でなければかすることすら難しそうな会社だった。そこで新卒から今日まで働いているとのことで、肩書きも立派なものだった。

夫も子供も居らず、独りで暮らしているという。

「……思い切って一括で住まいを買ってしまいました。その途端、コレですよ」

「コレというのは、つまり？」

「誰かに家を乗っ取られそうになっているということです！」

家と言っても戸建ではなく、マンションである。

都内の住宅地にあるビルで、正面入り口の受付には管理人が常駐しているものの、ゴミ捨て場がある裏口には監視カメラもなく、鍵さえあれば誰でも出入り可能な、セキュリティが比較的甘い建物だ。

間取りは三ＬＤＫ。依頼主はおよそ一年前にここを新築で購入した。

徒歩圏内に彼女の勤務先があった。

自分が留守にしている平日の日中に水道や台所のガス台、洗濯機、エアコンなどが勝手に使われているらしいと気がついたのは、一か月ほど前のことだという。

そして、サラダ油や調味料、野菜などの食材の減りが早いことから、食べ物も盗まれて（そして調理されて）いるらしいと思うようになった。

「たぶん、洋服や下着にも触られたことがあると思うんです。何度か、引き出しに入っているものの畳み方が、私が入れるときと少し違っているような気がしましたから」

そこで、まずは住んでいるマンションの管理人に相談したが、管理人は「注意して見ておきます」としか答えてくれなかったという話を、彼女はひどく憤慨したようすで話した。

「だから私は、管理人さんに、裏口に監視カメラを付けてくれと言ったんです。そうしたら、次の理事会に掛けてみます、ですって。それで、玄関の鍵を替えてみたらどうか、なんて言うんですよ」

「替えたんですか？」

「いいえ。まだ……。やっぱり、すぐに替えた方がいいですよね？　でも、それで変なことが止んだら、犯人が誰かわからなくなるでしょう？　それもなんだか怖いじゃないですか」

幸い、パソコンや預金通帳などには何者かにいじられた痕跡は見られなかったので、彼女は、それらや貴金属類などの貴重な品々を他所に保管するようにしたのだという。

「だから今は、家には盗まれて困るものは何もないんです。だけど私の家なのに、勝手に使うようなことは絶対許せないし、何か、もう、生理的に気持ちわるくて……」

「それはそうですよね」

「ええ。いつか襲ってきたらどうしようと思うと恐ろしくて、近ごろは同僚の家に泊めてもらったりホテルに泊まったりして、週に二日か三日ぐらいしか帰宅してません」

——だから「誰かに家を乗っ取られそうになっている」と彼女は言ったのか。

自分の家なのに自分は帰れず、何者かが好き勝手に家電や何かを使って半ばそこで暮らしている。

これは確かに乗っ取られかけていると言えそうな状況だ。

「あのぅ、警察にはまだ相談に行かれていないんですか?」

「相談してません。こないだ、こちらの方に説明しましたけど」

探偵は、「うん。そうなんだ」と私に言った。

「前に、おかしな男につきまとわれて警察に相談されたときに、とてもイヤな思いをなさったそうだ」

「それは、ちゃんと取り合ってもらえなかったとか?」

「そうなんです! 人を馬鹿にして! あなたの気のせいじゃないですかって言われたんですよ!」

彼女の話をそこまで聞いて、私は、〈蛭〉など存在しないかもしれないなとふと思った。すべてこの人の妄想だということも考えられる。マンションの管理人の悠長な対応にも、そうならざるをえない理由があるのかもしれない。

たとえば、彼女は一種のクレーマーで、頻繁に管理人に妄想混じりの苦情を述べて困らせているとか。今どき、その手の迷惑なクレーマーは珍しくない。

しかし、だとしたら、私が引き受けたアルバイトはかえってラクになるわけだ。

私は合い鍵を預かり、彼女の振りをしてマンションに二、三日の間、滞在することになっていた。

すべて妄想なら、その間、不審者の影もないということになるわけだから、安全なことこのうえない。ホテルに泊まりに行くようなものだ。しかも探偵ごっこのおまけつきで。良いアルバイトを引き受けた、と、私はちょっとホクホクした。

私は、依頼主の通常の帰宅時刻であるという午後一〇時に、独りで彼女のマンションに行った。

同じ日の昼間のうちに、業者を部屋に入れるために仕方なく帰宅したという設定で、依頼主が配管クリーニング業者に扮装した探偵とその助手を伴っていったん帰宅していた。

そのとき、探偵が室内をくまなく調べ、監視カメラや盗聴器を仕掛けた。

ひょっとすると探偵と依頼主が〈蛭〉と鉢合わせする可能性があったが、そんなことはなく、また、〈蛭〉が仕掛けた監視カメラや盗聴器の類《たぐい》も発見できなかったという。従って、最低限の安全は確保されていた。

さらに、私は部屋に到着する寸前に探偵に連絡して、室内が無人なことも確認した。

「とりあえず今は安全だから、安心して」と電話の向こうで探偵は言った。

彼はマンションの近くに車を停め、車内で室内に仕掛けた監視カメラのモニターを見ながら話していた。

「何かあったら、すぐ電話かメールをください。証拠の写真を撮ることも忘れずに」

私は預かっていた合い鍵でドアを開けて部屋に入った。

蛭は、存在するとしたら、どこかからこのマンションを見張っているかもしれなかった。

そのため、私は依頼主の服や鞄を事前に借りていた。

私たちは身長や体のサイズが近く、彼女と同じ服装で髪型を似せると、遠目には見分けがつきづらいだろうと思われた。それが、探偵が私にこの役目をやらせようと思ったゆえんだったのだ。

しかし、念のためマスクを付け、顔を伏せ気味にして行った。

ドアを開けた。室内は真っ暗だ。人の気配はないか？　怪しい物音は？　鼓膜に神経を集中させつつ、電気を点けた。

綺麗な部屋だった。

整理整頓が行き届いており、モデルルームのようだ。各部屋をくまなく見て回ったが、おかしな点は皆無だった。

私は、何もかもが彼女の妄想なのではないかという疑惑をますます深めた。

——と、そのとき、彼女の家の電話が鳴った。

電話に出てもいいのだろうか？　探偵に訊いておけばよかった。

彼もうっかりしている。こちらは素人なのだから、細かなところまで指示を出しておいてくれなければ困る。

私は受話器を取るか否か迷いつつ、とりあえず電話機の液晶画面を写真に撮った。日時と電話番号非通知の表示。

〈蛭〉だろうか？

そのうち電話は止んでしまい、部屋は恐ろしいほど静まりかえった。

ベルの音がうるさかった反動でそう感じるだけだとわかっているが、不気味なほど静寂が深く、自分の呼吸の音が自分のものではないような気がしてきて鳥肌が立った。

恐怖をやりすごすために私は急いでテレビを点け、自分の携帯電話から探偵に電話を掛けた。

ところが話し中になっている。

いったん切り、再度掛けると今度は繋がった。

「よかった！　今、電話を掛けたところ。すぐに部屋を出て！」

「えっ？　さっき掛かってきた電話は……」

「僕が掛けたんだ。とにかく急いで出て！　訳は後で話すから！」

明かりもテレビも点けっぱなしで取るものも取りあえず部屋を飛び出すと、ちょうど探偵がこの階のエレベーターから出て、こちらへ走ってこようとしていたところだった。

私たちはエレベーターに飛び乗った。探偵が一階のボタンを押す。

「危なかった。寝室のクローゼットから男が出てきた」

「えっ！　でも誰もいなかったって……」

「うん。だけど、出てきた。クローゼットの天井板を外して、天袋に隠れていたのかもしれない。昼に行ったとき、クローゼットの中をもっとよく確認しておくべきだった」

「やだ！　じゃあ私、本当に危なかったじゃないですか！」

「ごめんね。実は今回、依頼人さんが注察妄想や追跡妄想に囚《とら》われている可能性も少なからずあると思ってた。そのせいで油断した。警察にはもう通報したよ。下に僕の車があるから、中でパトカーを待とう」

探偵の車からはビルの正面口も裏口も目視することが出来た。

それらの出入り口から誰かが出てくるということもなかったので、当然、駆けつけた警察官が〈蛭〉を逮捕してくれるだろうと私は期待した。

ところがそうはならなかった。

依頼主の部屋には、誰も居なかったのだ。

また、クローゼットには天袋のようなものは存在せず、そこの天井板も容易に外せるような造りでないこともわかった。外した形跡もなかった。

クローゼットに掛かっている服の後ろに隠れていたのでは、と私が言うと、探偵は首を横に振った。

中には喪服が一着吊るされていた他は、小さな引き出し簞笥があるばかりだったという。

探偵は警察官に監視カメラの映像を見せたが、皆して首をひねるばかりだった。

私も見せてもらった。

三〇代から四〇代と見える小肥りな男性がクローゼットの観音開きの扉を開けて現れ、寝室の真ん中に数秒間佇んだ後、寝室のドアの方へゆっくり歩いていく姿がはっきりと映っていた。

さらに、この男は、私が逃げた直後のリビングルームにも現れた。

リビングルームの隣は玄関だ。男は廊下側のドアから入ってきて、玄関の方に向かい、部屋を斜めに横切っていった。

しかし、玄関の監視カメラは男の姿を捉えていなかった。

リビングルームを出た途端、煙のように消えてしまったとしか思えない。

依頼主は映像を見ると、咄嗟《とっさ》に男性の名前を口走った。そして急に、今回の依頼を中止したいと言いだした。

探偵は即座に承知したが、私は男が誰なのか訊かなくては済まされない気持ちだった。〈蛭〉の正体は何者なのか。

ニアミスして怖い思いをしたのだから、私には知る権利があると思った。はじめ、彼女は教えたがらなかった。

「そんなこと、あなたがたに関係ないでしょう」

「でも、今、名前をおっしゃいました。ご存じの方なんですよね?」

私が引き下がらないと見てとると、彼女は溜息を吐き、「どうせ、こちらとはこれきりでしょうから」とつぶやいた。

「もちろん知ってますよ。私の夫ですから」

私たちは驚いた。彼女は独身だったはず——。

「一年半前に亡くなっていますが、見間違いようがございません」

思いも寄らなかった。けれども、聞いてしまえば何もかもが腑に落ちた。魔法のように現れて忽然と消えた男。幽霊ならば、納得できる。

依頼主は哀しい微笑を浮かべ、言葉を続けた。

「夫が亡くなってから、あのマンションを購入することにしたんです。こうなってみると、引っ越すまでの半年の間に私につきまとっていたのも彼だったのかもしれないと、今は思います。とっても彼らしいわ。ろくに働きもせず、家に引き籠って食っちゃ寝するばかりの駄目な人でしたけど、そういうところは死んでも治らないものなんですね」

依頼主は最後に、仏壇を買うつもりだと話して、去っていった。例のクローゼットには、亡夫の位牌をしまっていたのだという。

引き出しから毎日位牌を取りだして、話しかけていたそうだ。

仏壇を買うと言ったとき、なぜか彼女は嬉しそうに微笑んだ。にわかに元気を取り戻し、少しばかり若返ったようにさえ見えた。

幽霊でも、冷蔵庫のものを漁ったりエアコンを点けたりするものなのかどうか。依頼主と別れてしばらくするとそんな疑問が湧いてきて、探偵に訊ねた。

探偵は言った。

「そのあたりのことは、全部あの人の妄想なのでしょう。彼女は教養のある常識人だから、まさか旦那さんの幽霊が出てきてるとは思わないよね。でも、潜在意識では旦那さんに化けてでも出てきてほしいと願っていたんじゃないかな。だから本当は気のせいなんだけど、電気代が妙に高いようだとか、食べ物の減りが早いとか、いろいろ気になってきたんじゃないの？　そういう気のせいというか錯覚を、あえて起こしてたんだと思う。

……それにしても、〈蛭〉なんじゃないかって推理は、ある意味当たってたんだなぁ。旦那さん、生前も彼女に寄生気味だったようだから」

一五　生霊返し

高知県出身の安岡さんは、二五歳のとき夫と死別した。現在（二〇一六年）三五歳だそうだから、およそ一〇年前のことになる。

それ以来、独り身だ。

夫の死後に起きた出来事が原因で、人との深い関わりを避けてきた。

「恋人も親友もいません。家族を持つことは考えられないですね」と安岡さんは言う。

安岡さんは、県内の大学へ進学し、卒業後は東京に本部のある医療事業団の高知県支部に就職した。そこで事務をしていたが、二〇〇六年一月、夫になる男性と出逢い、知り合って三か月で結婚した。

医療事業団では、時折、講演会を開催し、医療や福祉の識者を講師として招致していた。

彼は、助手として講師に随行して来県したのだった。

東京都内の一流大学院卒で、年齢は三〇歳で独身。両親に買ってもらった都心のマンションに住み、趣味は乗馬とテニスと旅行だと聞いて、安岡さんは優雅な生活を想像した。

そして、彼と結婚すれば自分もその中に身を浸すことが出来るだろうと思った。

「彼のことが好きでしたが、リッチな生活への憧れもありました。それに、東京へ行きたいという気持ちも強かったんです。高知は、住み心地はけして悪くないんですよ？　私が育った町も、とても良い所でした。でも、私は人一倍、都会にコンプレックスがあって……。正直なことを言うと、彼が東京の人だから、よけいに好きになったのかもしれません。最初は、私の方から積極的にアプローチしました。でも、向こうが私に関心を持ってくれなかったら、あんなこともなかったわけですが、当時の私は、自分で言うことじゃありませんが、可愛かったんですよ」

ほら、こんな感じで、と言って、安岡さんは結婚前の写真を私に見せた。

失礼なことだが、私は咄嗟《とっさ》に驚きを隠せず、すかさず彼女に「別人みたいでしょう」と問われて、何も言えなくなってしまった。

これが同一人物だろうか。言われてみれば、小鼻のあたりに面影はある。

しかし容姿がここまで変わることがあろうとは。何より、体型が違う。現在の安岡さんは、少なめに見積もってもおそらく体重が八〇キロを超えており、正直、かなり肥っているのだが、写真の中の女性は非常にほっそりとしているのだ。

バレリーナのように華奢な首、色白のうりざね顔に、大きな目。造形もさることながら、瞳に輝きがあり、表情が活き活きとして愛嬌がある点も魅力的だ。

どんな写真かというと、若い女性が清楚な白いブラウスを着て微笑み、四角い建物の前に立っているだけなのだが、彼女がとにかく美人なので、思わず見入ってしまった。

「勤めはじめて間もない頃に、母が撮ってくれた写真です。この頃は五〇キロありませんでした。四五キロくらいかな？　今の体重は、当時のほぼ倍です」

当時はモテたでしょう？　と不躾《ぶしつけ》なことを訊ねると、安岡さんは気を悪くも、悪びれもせずにうなずいた。

「ええ。性格も、今は何でもマイナスの方へ考えてしまうたちですが、あの頃はどちらかと言えば明るい方で、人付き合いも良かったから、男の人とはそれなりに付き合ったことがありましたし、モテていたと言えると思います。今では、昔のことは全部夢みたい。さもなければ、夫と結婚した頃からずっと、悪夢を見ているような気がします」

安岡さんたちが結婚した二〇〇六年には、エポックメイキングな出来事がいくつかあった。

私がまっさきに思い出すのは「ライブドア事件」だ。その年の一月二十三日にライブドア社の堀江貴文社長と取締役三人が証券取引法違反容疑で逮捕され、連日、ニュースワイドショーで盛んに取り上げられた。

安岡さんは、「イナバウアー」だそうだ。

「トリノオリンピックでフィギュアスケートに出場した荒川静香さんがやって、話題になりましたよね。真似するのが流行ったの、憶えてますか？　私は小さい頃バレエを習っていたせいか体が軟らかくて、あのポーズが出来たんですよ。それで、五月だったかな、結婚してから一か月経ったかどうかという頃に、ふざけて夫にやって見せたんです。『ほら、見てみて、イナバウアー』って……」

微笑ましい光景を想像した。あの頃は、そんな若いカップルが日本に何組もいたに違いない。安岡さんが言うとおり、真似が流行っていた。道端の小学生も、テレビのお笑い芸人も、こぞって「イナバウアー！」とやっていた時期があった。

「笑ってくれるか、感心してくれると思ってました。あんな一発芸、普通は、どっちかしかないでしょう？　でも、夫は違いました。激怒して、私のことを殴ったんです」

下品でいやらしい、淫らで、男を誘っているようで、正さなくてはいけない――それが、夫が安岡さんの「イナバウアー」に怒った理由だった。

イナバウアーが淫ら？　男を誘う？　あのポーズで？

わけがわからないが、ともかく、このことが発端となって、夫の暴力は日を追うごとにエスカレートしていった。

安岡さんは、誰にも言えなかったそうだ。

「親に心配をかけたくなかったし、高知の友だちに対しては見栄や意地みたいなものがありました。それに、東京には親しい人が一人もいなくて。彼の両親とお兄さん夫婦が都内に住んでいましたが、結婚直後の頃から、皆して私を馬鹿にしている雰囲気を出しはじめて、一緒にいるとみじめな気持ちにさせられることが多かったから、打ち明けられませんでした。とくにお義母さんが、私にすごく冷たくて。話しかけても無視したり、私が何か言うと揚げ足を取ってきたり、嫌っていることを隠そうともしませんでした」

結婚前は皆、優しくしてくれたのに、と安岡さんはつぶやいて、唇を噛んだ。

また、これも結婚してからはじめてわかったことだが、実は夫の稼ぎは月収二〇万円に満たなかった。母校である大学で週に何度か講師をしていて、その報酬だけが彼の稼ぎだった。

両親からの仕送りで贅沢な暮らしをしていたのだ。

しかし、「うちの親と血が繋がっていないおまえに使わせる金はない」というのが彼の言い分だったという。

安岡さんは、彼がいつかは変わってくれるだろうと思いながら、食費や日用品にかかる雑費を、自分の貯金から払いつづけた。

「馬鹿でした。彼との交際中に浮かれて洋服や何かを買いすぎたせいもあって、自分の貯金を使い果たしてしまうまで三か月もかかりませんでした。お金は大事です。私の場合、どんなに暴力を振るわれても、お金がないからどこにも行けないって、そこで思考が停止して、やられっぱなしになってしまいましたから。だんだん家にこもるようになって、一日中、ぼんやりしているようになりました。彼はときどき、菓子パンとかおにぎりとか、コンビニで売ってるようなものを少しだけ買ってきて、私に放ってよこしました。……餌ですね」

とんでもない男だが、いわゆるドメスティックバイオレンス（ＤＶ）の典型で、似たような話を見聞きしたことはある。

ＤＶでは暴力と経済搾取がセットになっていることが多いそうだ。支配して無力感を植え付けるには、どちらも有効な手段だからだろう。

厭な話だ。

人と関わることを避けるようになったのは、死別した後に起きたことが原因だと安岡さんは前置きしていたと思ったが、そこは私の記憶違いか勘違いで、ＤＶがきっかけなのかもしれない。

私はそう考え、あらためて確認した。

しかし、彼女は首を横に振った。

「違います。ＤＶが原因で人付き合いが苦手になったわけじゃありません。もちろん彼があいう人じゃなかったら、あるいは私がしっかりしていて、早いうちに逃げていたら、その後のことも起きなかったとは思います。でも、違うんです。……何で逃げ出さなかったんだろう。あの頃は、彼の言いなりでした。本当に、命令には絶対服従という感じで、たとえば、服を脱げと言われると、そこが台所だろうがリビングだろうが、大人しく脱いでいました。

彼は精神を病んでいたと思いますが、私も頭がヘンになっていたんですよ」

十一月のある日、早朝から裸で玄関に正座させられ、そのまま夫が出勤した。そこへ、たまたまマンションの管理人が訪ねてきた。安岡さんは、裸のまま、よろよろと立ち上がり、ドアを開けた。

「あのときは飢えと寒さで頭がボーッとして……。実は、よく憶えていないんです。管理人さんは、私が裸だったから凄く驚いて、きっと大声をあげたんじゃないかと思うんですが、記憶にありません。そのときすぐに私の体が痣《あざ》や傷だらけなことに気がついて、救急車を呼んでくれたことも、あとで人づてに聞いて知りました」

安岡さんは重い打撲や捻挫を全身に負っていて怪我が深刻だったうえ、診断の結果、腎臓の機能が低下していることや、頭に殴られて出来た血腫があることもわかった。

治療だけでなく、時間をかけて各種の精密検査を受ける必要もあるとされて、運び込まれた病院にそのまま入院した。

安岡さんを担当した医師は、警察に通報することを彼女に勧めた。

しかし、安岡さんはそうしなかった。

出来なかったと言うべきか。

彼女が救急車で運ばれた日の深夜、夫が自殺してしまったのだ。

住んでいたマンションのベランダから飛び降りて、救急車で搬送されたが、病院に到着後、死亡が確認された。

「彼が運び込まれたのは、私が入院していた病院でした」

夫が自殺したことにより、結局はＤＶの事実も双方の両親に知られることになった。

事が露見すると、安岡さんの両親は憤慨した。

転院が可能になり次第すぐに彼女を実家に連れて帰ると言い、夫の葬儀にも出なかった。

もとより安岡さんは入院中で出られるわけもない。

「お義母さんから何度か病院に電話が掛かってきましたが、私はちゃんと話が出来る状態ではなくて、うちの母か父が対応してました。そこで、どんなやりとりがあったのか、初七日だったと思いますが、突然、義母が夫の遺影を持って病室に来てしまって……」

義母は黒い着物の喪服を着ていた。病院スタッフの制止を振り切って安岡さんが入院している個室に押しかけ、黒縁の額に入った遺影を突きつけた。

安岡さんは失神してしまったのだという。

「警備員や病院のスタッフが義母を追いかけてきて、なだめて帰らせたという話です。大騒ぎというほどでもなくて、義母はむしろほとんど無言だったそうで、それが却って恐ろしかったと、病室に居合わせた母が言っていました」

そんなこともあり、まだ治療する必要はあったが、家族や担当の医師と話し合った結果、夫の飛び降り自殺から一〇日目に、安岡さんは急きょ退院することになった。

退院の日の早朝、彼女は浅い眠りの中で誰かに首を絞められる夢を見た。

最初は夫かと思ったが、夢の中で相手の両手を摑むと、手首が細く、女のようだと思った。

顔は真っ黒になっていて、見えない。

逆光になっているのとも違う、黒い靄《もや》のようなものが頭をすっぽりと覆っている。

苦しくてもがいているうちに、看護師がやってきて目が覚めた。

あまりにも生々しかったので、安岡さんは最初、夢だとは思わず、看護師に、「今誰かが逃げていきませんでしたか？」と訊ねた。

しかし、看護師は変わったことは何もなかったと答えた。何者かに首を絞められたと訴えたが、うなされもせず、ごく静かに眠っていたということだった。

だったら夢に違いないと納得するほかなかったが、看護師が去ってから、ベッドを下りようとして、安家さんは履き物が見当たらないことに気づいた。

「母が病院の売店で買ってきてくれた、底が平らな、赤いサンダルでした。脱いでおいたところになくて、それから間もなく母がやってきたので探してもらっても見つからなくて。母が探し物をしていたら暑くなったから風を入れようと言って窓を開けたんです。そうしたら、窓のずっと下の植え込みに、赤いものが引っ掛かっているのがそうじゃないかって言い出したので、私も窓のところへ行って、見てみたんです。その途端、ここは一二階で、うちのマンションも一二階じゃないかって気がついてしまいました」

　安岡さん親子は、サンダルをそのままにして退院する旨を、病室にやってきた看護師に詫びた。

　そして、病院からタクシーに乗ったのだが、タクシーに乗ろうとした瞬間、安岡さんは何者かに左肩を強く摑まれて、後ろに引き倒された。

　尻餅をついただけで大事には至らなかったが、不思議なことに、そのとき安岡さんのそばには誰も居なかった。

　先にタクシーの後部座席に乗り込んでいた母が慌てて降りてきて、助け起こしてくれた。

「母は、私が独りで転んだと思っていました。私のそばには誰もいなかったと言うんです。確かに、後ろから引っ張られて転ばされたのに……。でも、私は、まだ普通とは言えない精神状態で、三日前にも義母に夫の遺影を見せられただけで気を失っていたでしょう？　だから、そのときは、母は、私の言うことを信じてくれませんでした。そうこうするうち、私自身にも、奇妙に思えたいろんなことは幻覚だったんだと思えてきました」

　引き倒されたのも何かの錯覚だし、サンダルを病室の窓から落としたのも、安岡さん自身かもしれない。話を聞いていた私も、そう思わないではなかった。

　しかし、羽田から高知へ向かう飛行機に搭乗する際にも、そして飛行機の機内でも、不可思議なことが起こり、とうとう安岡さんの母親も彼女の言うことを信じるようになったそうだ。

　まずは搭乗直前。お手洗いに行った母親が、搭乗時刻寸前まで戻ってこなかった。チケットを母親に預けていた安岡さんがハラハラして待っていると、目を吊りあげ、異様な形相になった母が慌てて走ってきた。

　危ういところで飛行機に間に合ったのはいいが、見れば、母は大汗をかき、しずくを顎先《あごさき》から滴らせて、全身を小刻みに震わせている。

「どうしたの?」と安岡さんは訊ねたが、訊く前から、何か奇怪なことに遭ったのだろうと直感していたのだという。

　話を聞いてみればやはりそうで、トイレを済ませて手を洗っていると、後ろを黒い着物を着た人が通りすぎるのが鏡に映り、「喪服だな」と思ったまではいいが、外に出ようとすると、聞き覚えのある声で「行くな!」と怒鳴られた。

　耳もとで声がしたように感じ、びっくりして振り返ると、誰もいない。

　怖くなって小走りに戻ってこようとしたけれど、どういうわけか、搭乗口にたどり着けない。安岡さんが待っている搭乗口の番号だけがない。行き過ぎたのかと思って引き返すが、その番号だけが、やはりない――。

「私は待っていて、このままでは本当に間に合わなくなると思ったので、場内アナウンスで母の名前を呼んでもらったんです。母は、自分の名前が放送された次の瞬間、私が搭乗口で待っているようすが目に飛び込んできたから一目散に駆けてきたのだ、と」

次は機内で、離陸直後のことだった。

離陸し、機内ラジオが使えるようになるとすぐに、安岡さんの母は音楽プログラムを聴きはじめたのだが、一分経ったか経たないかの間、ほんのわずか聴いただけでイヤフォンをかなぐり捨てて、隣の席の安岡さんにしがみついた。

「DJが喋っている声に被さるようにして、さっき空港のトイレで聞いたのと同じ、女の声が聞こえたと言うんです」

おっかなびっくり、安岡さんも聴いてみると、確かに副音声のように誰かが喋っている。

「でも、言葉が不明瞭で、何を言っているのか全然わかりませんでした。それがちょうど、口の中で念仏を唱えているような感じで、すごく不気味で……」

高知の実家に帰ってからも、度々、安岡さんたちは奇怪な出来事に遭遇した。

安岡さんは、女に首を絞められる悪夢を頻繁に見た。

同居する家族は、喪服を着た女の影を家の中や周辺で目撃したり、声を聴いたりした。

中でも、母は毎日のように怪異に遭遇するようになった。

「母には霊感があったのだと思います。母が子供の頃、死んだお祖母《ばあ》さんから土佐珊瑚の簪《かんざし》をもらう夢を見たら、その翌日、箪笥《たんす》の奥からひょっこり遺言書が出てきて、それには本当に、その簪を母に譲るようにと書かれていたんだそうです。それほど強い能力じゃなかったんでしょうけど、母には、私や父には見えないものが、ときどき見えてしまうようでした」

安岡さんは、夫に負わされた傷が癒えてからも、よく怪我をした。就職しようとしたり、何か資格を取得するために通うことを考えて学校を見学しに行ったりすると、そういうときに限って、事故に遭う。

走ってきたオートバイが目の前でいきなり転倒してぶつかってきたり、階段から足を踏み外したり。一度など、頭の上から鉢植えが降ってきたそうだ。

どれもひとつ間違ったら死んでいたかもしれない事故だが、いつも命は助かる。

鉢植えが落ちてきたときは、安岡さんと並んで歩いていた母が突き飛ばしてくれて、軽い怪我で済んだ。

「母には、私の頭を大きな手がわし摑みにしているのが見えたそうです。だから突き飛ばしたんだと言っていました。そのことがあってから母は、自分の祖父はいざなぎ流の太夫さんで、特別な能力を持っていたと言われているので、その血筋を引いているから自分も普通の人にはない力を少しだけ持っているのに違いない、と言うようになりました。私はそんなことは初耳でしたが、父は、母の祖父が太夫さんだったことを知っていたようでした。そして、母がクモ膜下出血で倒れると、父は、母の里に新しい太夫さんを探しに行きました。いざなぎ流の生霊返しをしてもらうために」

生霊返し、正確には〈不動王生霊返し〉は、土佐に伝わる民間信仰〈いざなぎ流〉の秘儀である。

〈いざなぎ流〉は、仏教や神道、陰陽道、そして易学や修験道などと、古くからの習俗が混淆して、平安末期以降に形成されたと言われている。

祭儀を指揮する宗教者は〈太夫〉と呼ばれ、性別や血縁とは無関係に、太夫にふさわしいと地域において認められた人物がその役に就き、祭文や儀式の作法を受け継ぐ。

土佐国物部村（現・高知県香美市）がいざなぎ流発祥の地であり、現代に至るまで伝承されている唯一の地でもあるというから、安岡さんの母はそこの出身なのだろう。

ところで、〈不動王生霊返し〉は、別名を〈燃えん不動王生霊返し〉と言って、「もえんふどうおう、かえんふどうおう……」から始まる呪文を説くことによって、生霊を飛ばしてくる相手を呪い返す、いわゆる〈呪詛返し〉の秘術だという。

一説によれば、生霊というのは、飛ばしている相手も、生霊を飛ばしていることに気づいていない。つまり、意識的に危害を与えようとして生霊を飛ばして災いを為しているわけではないのだと言われる。

無意識にやっていることを憎んで、呪詛によって懲らしめることには、当然、賛否があるだろう。

当のいざなぎ流の太夫は、不動王生霊返しを人に勧めることはないとも聞く。

いざなぎ流の世界観では、災厄の原因は「呪詛（スソ）」であるとするが、呪詛とは、家族間の感情のもつれや争いなどによって溜まった、悪い穢れた「気」だと説いている。〈いざなぎ流の太夫〉はそれを鎮める。

――集落で尊敬を集める、人の道をきわめた人格者の像が浮かんでこないだろうか？

世襲ではなく、適格者が〈太夫〉に就く。だったら、呪いの技や祭文の知識の有無に負けず劣らず、集落の人々の感情のもつれを解きほぐすすべに長け、深い知恵があったからこその〈太夫〉の称号なのではないかという気がしてくるが、如何なものだろう。

〈いざなぎ流の太夫〉が読む祭文は、山や川などの神々の説話で、祭文を聴いた祟り神たちは、その本性を思い出して穏やかになり、「山のものは山へ、川のものは川へ」と、悪しき眷族神を率いて引き揚げていくのだそうだ。

集落の子供らは、おとぎ話を聞くように、祭文を楽しんだという。

何と穏やかで知的な、美しい信仰ではないか。

〈不動王生霊返し〉は、本当に〈いざなぎ流〉の呪術なのだろうか。

何事にも裏と表はあるものだが、にわかには信じられない心地がする。

……私は、あの血腥《ちなまぐさ》い呪文を書くことを躊躇《ちゅうちょ》している。

ここで明かすことで何かが起きようが起きなかろうが、私には一切の責任は取れない。

〈いざなぎ流〉専門の研究者ではないので、正確か否かも保証できない。

しかしながら、〈不動王生霊返し〉の陰惨な雰囲気を伝えるため、一部だけ記すとする。

向こうは血花に咲かすぞ。微塵と破れや、そわか。
燃えゆけ、絶えゆけ、枯れゆけ。
生霊、狗神、猿神、水官、長縄、飛火、変火、
其の身の胸もと、四方さんざら、微塵と乱れや、そわか。
向こうは知るまい。こちらは知りとる。
向こうは青血、黒血、赤血、真血を吐け。泡を吐け。

母の里で誰と会い、何をしてきたのか、安岡さんがどれだけしつこく訊いても、父は決して口を割らなかったが、それからは彼女がやたらと事故に遭うことはなくなり、母の病も、一時は命も危ぶまれたのに、後遺症もなく完治した。

しかし、安岡さんの両親は、それからおよそ三年の間に二人とも亡くなってしまったそうだ。

父も母も就寝中に事切れて、どちらも亡くなっているのを発見したのは安岡さんだった。

両親いずれも、血の混じったピンク色の泡を吹き、苦悶の表情で死んでいた。

司法解剖が行われ、そして二人とも死因は心不全だとされたが、安岡さんは〈生霊返し〉のせいで死んだのではないかという疑いが拭えなかった。

そして、その頃から彼女はみるみる肥満しはじめて、今の姿になった。

両親が死んでしばらくして、彼女は、とある機会を得て東京に仕事を得た。亡夫との怖い思い出しかない東京だったけれど、人生を経済的に好転させる滅多にない機会を逃すわけにはいかなかった。

そこで単身上京して、都内で暮らすことになったのだが、震災のあった二〇一一年の三月に、仕事がらみの法事で行った都内の寺院で、亡夫の父親とばったり出会った。

「あちらは私が誰だか思い出せないようでした。これだけ見た目が変わっているのだから無理はないですよね。だから、迷いましたが、思い切って話しかけてみたんです。初めは驚かれてましたけど、すぐに落ち着いて、ご両親はお元気ですかって訊いてきたので、二人とも亡くなりました、と答えました。そうしたら、『うちの家内もです』って。その亡くなった時期というのが、父が生霊返しをしてもらうために太夫さんを探しに行って、うちを留守にしていた、ちょうどその頃だったんです。しかも、死因はうちの両親と同じ、心不全。

……でもね、生霊の祟りや生霊返しを信じるか信じないかなんて、私はどうだっていいと思ってるんです。そうじゃなく、誰かを憎んだり、憎まれているんじゃないかと疑心暗鬼になったりするのは、本当に厭な、怖いことだなって……」

安岡さんは、「もう二度と御免です」と最後につぶやいた。
それから私は、独りぼっちで歩み去るその背中を見送ったのだが、彼女が吸い込まれていった都会の雑踏を眺めていて、ふいに恐ろしさがこみあげてきた。
この群衆の誰もが感情を持ち、憎んだり憎まれたりしているのかと思い、その途端、〈不動王生霊返し〉の一節が胸に蘇ってきたのだ。

向こうは知るまい。こちらは知りとる。

……ああ、怖い。

一六

鬼婆の子守唄――寿産院事件

――夜のしじまに、女の声が低く流れる。女は故郷の子守唄を詠じている。

ねんねんころりよ　おころりよ
ねんねしないと　背負わんぞ
ねんねんころりよ　おころりよ
ねんねしないと　川流す
ねんねんころりよ　おころりよ
ねんねしないと　墓たてる。

民俗学者の松崎憲三は、二〇〇〇年に発表した論文『堕胎（中絶）・間引きに見る生命観と倫理観：その民俗文化史的考察』の中で、詩人の松永伍一が『日本の子守唄』に記した宮崎県に伝わるこの歌の解説を紹介している。

すなわち、「この『眠らせ唄』の単調な歌詞のなかで、重要なモチーフとなっているのは子を殺す習慣で」あり、眠らなければお前を川に流すぞ。眠らなければ墓に埋めるぞと女性が赤子を脅しつけることを指して、「まさにこれは苛酷な行為である」と松永伍一が述べているというのである（*①）。

私には、〈その女〉が、自分自身が苛酷な境遇に置かれていると思っていたかどうかはわからない。一年余り掛けて手に入れられる限りの資料を掻き集め、彼女の心の中まで辿りつこうとしたのだが……。

〈その女〉は、一八九七年（明治三十年）に宮崎県東諸方郡本庄町で生まれた。

県立職業学校を卒業し、一八歳で単身で上京し、東京帝国大学の産婆養成科に進んだ。さまざまな資料で、彼女は「東大の産婆講習科に入学した」と記されているが、東京大学が編纂した『東京大学百年史 通史二』によれば、明治二十二年に国家医学講習科の一科として産婆復習科と産婆養成科が設けられている。課程は二年。

彼女は同科を卒業した。留年したという記録は無いから、おそらくそれは第一次世界大戦が終わる前の年の、一九一七年（大正六年）のことだった。

産婆の資格を得ても、彼女は宮崎県に帰らなかった。東京で働くことを選んだ。

当時、地方出身の若い女性が、独りで上京して帝大で学び、働きながら自立しようとすることは困難だったに違いない。二一世紀になった現在でも、けして簡単なことではない。大正時代に流行った〈職業婦人〉という言葉が持つ、先進的で都会的な華やかさに、地方出身の彼女は憧れただろうか？　二〇歳のとき、どんな将来を夢見たのだろう？

〈その女〉――石川ミユキは、その後、一〇〇人余りの嬰児を死に至らしめて、〈寿《ことぶき》産院事件の鬼婆〉として、日本犯罪史に名を残すことになった。

そう。赤子を大勢殺す前に、彼女はたった二三歳で、東京都新宿区の牛込柳町（現・市ヶ谷柳町）で産院を開業した。やがて牛込産婆会の会長になり、五〇歳のときに新宿区議会議員選挙に日本自由党（当時）から立候補した。そのときは落選したが、再び立つことも出来ただろう。

〈寿産院事件〉さえ、起こさなければ。

「ねんねしないと　川流す」と故郷の子守唄を石川ミユキが本当に歌ったかどうかは誰にもわからない。しかし、彼女がやったことはその唄のまんまの残忍な所業だ。

子供たちを寝かせたまま、次から次へと川へ流すかのごとく死なせていったのである。

第一次大戦直後の好景気も、その後の不況も、第二次大戦も潜り抜けた〈職業婦人〉にして町の名士だった石川ミユキ。

彼女の不幸は、元警察官の夫・猛が、入籍から六年後には、「左団扇《ひだりうちわ》」と言えば聞こえはいいが、ようするにヒモ同然の働かない飲んだくれに成り下がったことか。

それとも、今よりも「嫁」に対して世間の目がうるさかった時代に、夫との間に子供が出来なかったことだろうか？

または、戦争がもたらした貧しさを、彼女ほどの女傑であっても、正当な方法では弾き返せなかったことかもしれない。

石川ミユキと同じ時代を生きた作家の太宰治は、「貧すれば鈍する」ということわざをもじって、「貧すれば貪する」と書いたという。

貧乏すると貪欲、つまり欲が深くなるのだと、太宰は説いたのだ。

貧乏になると、日々の暮らしに追われてしまって、人は知恵が衰え、愚鈍になるという意味の「貧すれば鈍する」もある種の真実を言い当てているが、太宰の「貪する」は、いざとなったときの人間の逞しさと狡さを思えば、より人の本質に迫っていると思う。

石川ミユキは、貪したのだろう。

一九四五年五月二十四日と二十五日の山手大空襲で、寿産院があった牛込区（当時）は一万二二〇〇戸以上が消失し、全域が被害を受けた（典拠『新宿区平和都市宣言5周年記念誌』）。

そして第二次大戦中の日本は配給制度を取っており、米や味噌などの食料やマッチなどの生活必需品は各家庭に配給されていたわけだが、空襲によって東京の都市機能が麻痺すると、飢餓が庶民を襲ったのである。

空襲の前から、長い戦争で国は疲弊し、すでに大方の人々の生活は困窮していた。どんなに利巧で、地域の人望も厚く、働き者でも、石川ミユキも窮乏からは免れなかったに違いない。戦争は、彼女の才覚と努力を無効化しただろう。

そのとき彼女は「鈍する」ことに甘んじたか否か。明治時代の地方出身女性というハンデを跳ね返してきた強さから推して、「こんなことでは負けない」と思ったのではないか？

多くの女性は「鈍する」ことになった。赤子を抱えた戦争未亡人。夫を兵隊に取られて老親を扶養せねばならなくなった既婚女性。急増した娼婦。生活のために妾や愛人として男の世話になった女たち。彼女たちの多くが食べるためには働かねばならず、そして働くためには赤ん坊を人に預けることを余儀なくされた。

当時は中絶が法律で禁止されていたことが、女性たちの苦難に拍車を掛けた。

石川ミユキが新聞に三行広告を出したのは、昭和十九年（一九四四年）のことだった。

事件発覚直後の一九四八年に撮影された現場写真には、「姙産婦乳幼兒預リ…」と記された巨大な看板が写っている。写真では、皆殺しの運命を免れたと思しき赤子を抱いて走る看護婦の頭に隠れて、看板の下の方の字が読めないのだが、同じような文言の広告を出したと見ていいだろう。

「…」の部分は「▨」か「マス」または「処（所）」ではないか。広告文で三行というと、「乳幼児預かります　一人五千円～　寿産院・牛込柳町」といったところになろうか。

それとも、戦後に禁止された「事情ある方御相談に應ず」や「乳児預ります、秘密厳守」のような怪しげな産院広告の常套句を用いただろうか（典拠、吉田一史美『日本における妊娠相談と養子縁組をめぐる運動と立法』）。

誰も、預けなければよかった。しかし母親たちは引きも切らず寿産院を訪れたのである。敗戦後に配給が再開されたとき、正規に届け出て公認されている産院などに対して粉ミルクや砂糖などが支給されなければ、よかった。

そういうものは、当時は貴重で高価な物資だったのだから。しかし配給は行われた。配給された品を横流しできる闇マーケットが無ければ……。でも、それも存在した。

運命に屈しない女、石川ミユキが貧すれば貪したとき、乳幼児の養育費と、配給される物資の代価をまるごと我が物にする方法が、彼女の目の前にあった。

こうして、戦後最大の大量殺人事件の幕は、切って落とされたのである。

前年の十月、東京地方裁判所の山口良忠判事が、闇市で食料を買うことを拒否し、正規の配給品だけで生きることを自ら選んだ結果、栄養失調で死亡した。終戦直後からの窮乏期が続く中、違法な闇市が常態化して、人々は筍の皮を剝ぐように着物を脱いでは食べ物に換えていく「タケノコ生活」に耐えていた。そのような時期に事件は起きた。

一九四八年（昭和二十三年）一月十二日未明、当時の早稲田警察署の警官二名が巡回中に、東京都新宿区榎町一五番地付近（現・弁天町内）で、不審な男を呼び止めた。

男は当時五四歳の長崎龍太郎という葬儀屋で、木製で大きないわゆる「みかん箱」を四箱、自転車に積んで運んでいた。

警官たちが箱を調べてみたところ、四体（一説には五体）の嬰児の亡骸が出てきた。

その場で警官に詰問された長崎は、新宿区牛込柳町の寿産院から頼まれた遺体を火葬場に運んでいるところだと答えた。

警官たちは納得せず、早稲田署に長崎を連行して、さらに訊問した。

すると長崎は、「今までに三〇体以上（報道により二〇体以上）、一体あたり五〇〇円貰いながら運んできた」と話した。

元朝日新聞政治部部長の羽村清雅氏は、事件当時、新宿に住んでおり、小学校三年生の終わり頃だったとして、自身が参加するメールマガジン『オルタ』にこんなふうに綴っている。

「異様な事件は近隣のことなので大人たちの話題にのぼるのは当然だったが、子供らの間ではかねて、寿産院に働く異形の男性がよく自転車で街を走っており、このことをわんぱく仲間で口の端に載せていたことから一層強く好奇心をかきたてたのだ」（典拠『オルタ』掲載・コラム『落穂拾い記　40』）

――寿産院で働く異形の男が自転車で街を走っている。

この不気味な男の職業が葬儀屋で、その自転車には嬰児の遺体が積まれていたというのだから、まるで怪談である。

長崎が運んでいた嬰児の遺体は、メリヤスのシャツとおむつに包まれていた。稀には火葬されたのか、どうか。のちに、寿産院から出た遺体の大半は箱に入れて押入れの中に放置されるか、産院の敷地内に埋葬されていたことが判っている。

このとき見つかった嬰児の遺体は国立第一病院で調べられ、当時の小児科部長の診断により、三体は肺炎と栄養失調、二体は凍死と死因が特定された。その後、慶応病院で検屍解剖した結果、胃袋が空になっていることも判明した。

すわ一大事だと寿産院に踏み込んだ刑事たちは、真冬だというのに火鉢すらない部屋で、狭い竹製のベッドに肌着一枚で寝かされている七人の赤ん坊を発見することになった。

七人のうち一人はすでに死亡しており、残る六人も凍えて痩せ細り、泣く力もないほど衰弱していた。

また、赤ん坊たちが死ぬほど飢えさせられているにもかかわらず、産院の地下からは、配給の粉ミルクや砂糖などが大量に見つかった。

長崎龍太郎の訊問から三日後の一月十五日、長崎龍太郎と、寿産院の院長・石川ミユキと夫の石川猛、ミユキの助手の貴志正子が逮捕され、事件は大きく報じられることになった。

「1948年1月16日の朝日新聞の社会面を見ると、『つぎ〱に死ぬ子―産院と葬儀屋に疑い』の2段見出しで登場している。続報の見出しには『子を取りもどす母親―死児も寝床に魔の産院』とある」(原文ママ：典拠、羽村清雅『オルタ　落穂拾い記40』)

インターネットで「寿産院事件」とキーワードを入れて画像検索すると、『子を取りもどす母親　死児も寝床に魔の産院』というヘッドラインを付けた一月十七日の朝日新聞の紙面がヒットする。前日の第一報で事件を知った母親たちが駆けつけたのだ。

記事の中では、ある母親が「男には捨てられ、親もとには帰れず、私は新聞広告でこの産院を知り六千円のあずけ賃を出して、この子の養護をたのんだのです」と語っている。

十七日の正午までに寿産院に来た母親が一〇人いたそうだが、警察の調べでわかっただけでも、寿産院でこれまでに預かった乳幼児は二四〇人。しかし同院の「預かり子台帳」に残る母親らの名前と住所の大半は、仮名であり、偽の住所であって、警察は早々に被害児童の保護者に連絡することをあきらめたということだ。

十七日の新聞には「死亡百六十九名　石川ミユキ殺意認む」とも書かれている。

しかし、医師が死亡診断書を書いたのは七四人、参院の「預かり子台帳」では六九人しか死んだことになっていなかった。

十八日の紙面では昭和十九年から二十三年までに預かったのが二〇四人、養子に行ったのが九八人、死者一〇三人とあるが……勘定が合わない。

報道は二転三転し、最終的には、区役所の衛生課に残されていた埋葬確認証の記録などから、犠牲者の数は一〇三人が有力説であるとされたが、養子に出された子供たち九八人の消息もつかめず、本当のところ何人死んで何人無事だったのかよくわからないまま、捜査が終了してしまった。

寿産院では、乳幼児一人につき五〇〇〇円から九〇〇〇円の養育費を一括払いで受け取っていた。

昭和二十三年の公務員の大卒初任給が二〇〇〇円台、米一〇キロが三五七円だったそうだから、今の感覚に直すと、一人当たり、だいたい四十数万円から八十数万円（平成二十五年度厚生労働省「賃金構造基本統計調査」より公立中学校教師の初任給を参照）の養育費を受け取っていたことになる。

寿産院では昭和二十二年には養育費だけで九〇万円も売り上げたというが、石川ミユキは、これしきの実入りで満足することなく、器量の良い子は五〇〇〇円、並は三〇〇〇円と値段を付けて、赤ん坊を売っていた。

そして、買い手が現れなければ、風呂にも入れず、ほとんど食事も与えず、おむつを替えることすらなく、つまり損益はほぼゼロ円で、じわじわ死なせてしまう。

子供が死んだことを区役所に届け出ると、区役所の経済課（当時）から葬祭用の酒二升が特配された。

その酒について、ミユキの夫、猛は逮捕される前、「子供が死ぬと葬儀酒が二本くる。うち一本は闇に流し、一本はワシが頂く」と取引先で自慢気に話していたそうだ。

石川猛は完全に妻の尻に敷かれて、なんでもミユキの言いなりだったらしい。猛は妻より四つ年上の元憲兵軍曹で、除隊後は一九二六年（昭和元年）に辞職するまで警視庁の巡査だった。警官を辞めたとき、彼はまだ三二、三歳。隠居には早すぎるが、以後は逮捕されるまで、ミユキの手足になっていたようだ。

酒以外にも、猛は、粉ミルクや練乳、砂糖などを闇市に運んだはずだ。

一九四六年（昭和二十一年）十一月から一九五二年（昭和二十七年）六月まで、アメリカ政府の救済統制委員会が設置した支援団体「ララ（LARA：Licensed Agencies for Relief in Asia：アジア救援公認団体）」が日本に提供していた〈ララ物資〉には、乳幼児に必要な乳製品や糖類が多く含まれていた。

これのお陰で終戦後の日本では、学校や産院などにミルク類などが支給されるようになったのである。しかし、国産品の生産は止まっていて正規の輸入品は高値だった。一九四七年の一ドル五〇円からこの年の七月には一ドル二七〇円まで円が急落するインフレ相場の折でもあった。この状況に、石川ミユキは商機を見出したのだろう。

石川夫妻の悪事が明らかになるにつれ、寿産院に関わってきた医師や区役所にも疑惑の眼が向けられるようになった。

朝日新聞は、昭和二十三年一月二十一日付の紙面で、「血の通わぬお役所仕事」として死亡診断書を書いた医師や埋葬許可証を発行した区役所を糾弾している。

医師や区役所に、石川夫妻から酒がふるまわれたという話もあった。見返りとして、役所では、戸籍手続きや衛生面での取り締まりに便宜をはかっていたというのである。

しかし役人たちは「書類が揃っていたので深く詮索しなかった」と言い逃れをし、罪に問われることはなかった。

石川ミユキも、預けに来る母親たちに責任をなすりつけようとした。

「私は誠心誠意やってきた。もう少し母乳を飲ませてからでないと死ぬと断っても、無理に預けていってしまう。死ぬのは当然だ。私が悪いわけでない」

こう開き直り、また、「他の産院でもやっている」とも証言した。

そして、彼女の言葉を裏づけるかのように、同年二月十日、新宿区戸塚町の淀橋産院でも類似する事件が発覚した。

淀橋産院では約二年間で赤ん坊が六二人も栄養失調などで死亡しており、死亡届けを出さずに生きているかのように偽って食料の支給を受けるといった不正も行われていた。

事件は「第二の寿産院事件」と銘打たれて報道され、乳幼児が直面している悲劇的な状況が大きく社会問題化されていった。

しかしながら、寿産院事件が起きるずっと前から、実は同様の事件が時折、起きており、それを世間では〈もらい子殺し〉と呼ぶようになって久しかったのである。

一九一三年（大正二年）の〈愛知貰い子殺人事件〉は、被害児童が二〇〇人以上にのぼる大量殺人事件として有名だ。犯人グループは三人で、いずれも女性。二、三人殺すごとに転居して、足がつかないように用心していたという。一九一五年に三人の死刑が執行された。

その他にも類似の〈もらい子殺し〉はいくつかあり、ほとんどのケースで犯人は極刑を言い渡された。しかしながら、そのうち昭和五年に板橋区で起きた〈岩の坂事件〉では、四〇人の乳幼児が死んだとされたのに、主犯格一人が懲役七年とされただけで、共犯と目された容疑者たちは誰も処罰されなかった。

それにまた、乳幼児の売買や捨て子が非常に多かった。

厚生労働省が公開している『人口動態総覧（率）年次推移』を参照すると、一九四七年の乳児死亡率は一〇〇〇人あたり七六・七人。これが二〇一五年では〇・九人だから、寿産院事件前後の乳児の死亡率は今の八五倍以上ということになる。

昭和二十年代の女性は平均して約四人の子を生んだそうだ。

――どんどん子供を生むが、育てられない。死なせてしまう。

こうした事態を受けて、早稲田署（当時）の署長・井出勇は、乳幼児の窮状を救うには乳児院等を設立するより堕胎を合法化する方が、より現実的であると提案していた（＊）。

無論、中絶に反対する意見もあり、乳幼児を保護する必要性について盛んに議論された。

その結果、一九四七年に児童福祉法が制定され、厚生省に児童局が誕生、児童福祉施設の整備と設置が進んだ。続いて翌一九四八年には優生保護法が成立し、中絶が合法化された。

寿産院事件は、乳幼児を救済する対策が準備されているさなかに起きた事件であり、児童福祉法が公布された約一か月後に摘発されたことから、日本政府に衝撃を与え、対策を促進する起爆剤となった。

事件直後の一月二十日に、当時の厚生省児童局保育課長・吉見静江は「児童福祉委員や児童局を一日も早く活躍させるのが大事と思う」と読売新聞の紙面で述べ、三月十九日付で厚労省から助産婦業務の広告取締令が出された（＊：前出の＊も典拠は、吉田一史美『生命倫理と現代史研究――日本における妊娠相談と養子縁組をめぐる運動と立法』）。

子供を巡る社会環境が急ピッチで整えられてゆく一方で、石川ミユキはじめ犯人たちの裁判が粛々と進められていた。

争点は殺意の有無だったが、一九四八年（昭和二十三年）十月、東京地裁は殺人罪については証拠不十分とし、石川ミユキに懲役八年、猛に懲役四年、死亡診断書を偽造した医師の中山四郎が禁固四年、共犯の容疑をかけられていた産院の助手・貴志正子は無罪、葬儀屋の長崎龍太郎は不起訴処分という判決を下した。

主犯のミユキが言い渡された刑、懲役八年は、強盗よりも軽い量刑だった。

しかし彼女はただちに、夫と共に控訴した。そして一九五二年（昭和二十七年）四月、東京高裁は、ミユキには懲役四年、猛に懲役二年と、第一審の半分に刑期を減らした、犯した罪に比べてどう見ても軽すぎる量刑を科すことにした。

さらに、なんと、年が変わる前に二人は釈放されてしまった。

こうなった理由については石川夫妻が役人に賄賂を渡していたなど諸説あるが、昭和二十七年に行われた二度の恩赦が関わっていたことは確実だ。

東京高裁で刑が確定した同年の三月に、サンフランシスコ平和条約発効の大赦令・減刑令・復権令・特別基準恩赦の内閣指令が閣議決定されている。

恩赦の発効が四月二十八日なので、四月中の判決で刑期が一審から半減したのは、減刑令によるものかもしれない。

次に、同年十一月十日には、皇太子殿下立太子礼の特別基準恩赦が発効した。

石川ミユキは誠に悪運が強い。事件後たった五年数か月で自由の身となった。

そのとき五五歳。次に彼女がマスメディアに現れるのは、七二歳になった一九六九年（昭和四十四年）のことになる。

昭和四十四年なら私は二歳で、うっすらと当時の記憶がある。家族揃って、本邦最長寿のテレビアニメ『サザエさん』の、記念すべき第一回目の放送を見たのだ。

その頃の家族のアルバムを参照すると、母はパンタロンを穿いてニットのロングベストを着ている。父はロングヘアでアコースティックギターを持っている。アメリカはヒッピー最盛期を迎えて、伝説的なカウンターカルチャーの祭典・ウッドストック・フェスティバルがこの年開催された。

すでに東京オリンピックは過去のもので、人類発の月面着陸に世界が沸いたのは同年のことだ。

——一九世紀の終わり頃に生まれた石川ミユキの前を、時代は、猛烈な勢いで駆け抜けていったのである。

日露戦争、第一次大戦、第二次大戦、戦後の復興、そして高度成長期……。

その年、彼女は『週刊新潮』の取材を受けた。

記事のタイトルは「億万長者になっていた『寿産院事件の鬼婆』」。ミユキは、事件については夫に責任があるとして、「私は無実」と記者に訴えたのだそうだ。

しかし当の猛はいつの間にか亡くなっていたから、死人に口なしなのだった。

また、ミユキは夫だけでなく警察の悪口も言い、不動産事業で成功して億単位の資産を築いていることも明らかにした（典拠：『終戦直後の風雪に耐えた名門校』森拓三氏による自

分史の第四章八十二項：別冊城北会誌編纂：二〇一三年一月公開／他）。

昭和四十年代半ばと平成十年代半ば現在とでは、貨幣価値に一五倍以上の開きがある。一億なら一五億以上。二億なら三〇億以上ということになる。「億単位」と書くからには二億円以上という可能性も高い。

明治時代に生まれた日本の地方出身の七〇代の未亡人が、そんな巨額の資産を貯められる可能性が、どれほどあるだろう？

しかも彼女は、一〇〇人以上の乳児を殺した嫌疑を掛けられて、逮捕拘留され、高等裁判所で判決を受けていたのだ。

殺害容疑は立証されはしなかったが、非人道的な行為をしたことは明白。自業自得で、お天道様の下を歩けない境遇に堕ちていたのに……「億単位」？


いろいろ調べているうちに、私は、叶うことなら石川ミユキと対面して、じっくり会話してみたいと思うようになった。

彼女の強靭さ、狡猾さ、欲望のベクトルに興味をそそられる。

どうやったら、あの時代にあんなふうに生きられたのだろう？

石川ミユキが帝大の産婆養成科を履修して社会人として世に出た大正時代から昭和時代初期にかけて、〈職業婦人〉は容姿が醜い女がなるものであると誹謗中傷されていた。

それに対して反論する方も女性差別に芯まで染まっていたので、〈職業婦人〉は美人でないとうまくいかないという説をぶつのだから始末におえない。たとえば、大阪大学経済学部出身の講演家・坂口孝則によると、一九三五年五月二十五日付の読売新聞（朝刊）には、『醜女は何處へ』という題のこんな記事が載っている。「職業婦人を求める人は皆美人がお好きと見えて、少し位頭が悪くとも、顔さへキレイならドシドシ賣れてゆかうといふのですから、賣れ残るのはいつも顔に自信のない人ばかり（原文ママ）」

……今こんな文章を新聞に載せたら、各方面から批難殺到待ったなしだろう。

しかし、白状してしまうが、私も「石川ミユキは、どんな顔をしていたのだろう？」という下卑た好奇心を抑えられずにいる。

逮捕直後の朝日新聞の紙面に載っている彼女の顔写真は、白黒なのは仕方ないにしても印刷精度が低すぎて、肌理が粗くてコントラストがきつく、よくわからない。

そのせいで、私は最近まで、インターネットに散在する寿産院事件を取り上げた記事に、必ずと言ってもいいほど添付されている円い眼鏡をかけた女性が石川ミユキだと信じ込んでいたのだ。

おそらく、寿産院事件に興味を抱いたことのある方で、私と同じように、この中年女性こそ石川ミユキであると思っている人は少なくないのではないか？

寿産院事件は海外でも有名で、石川ミユキを「シリアルキラー（大量殺人者）」として紹介している外国語のウェブサイトも多数ある。それらの海外のサイトでも、どれを見ても、例の眼鏡をかけた丸顔の中年女性の写真が記事に添えて掲載されているのである。

知性と思慮深さを感じさせる顔つきの四〇がらみの人で、鬢のあたりを後ろにひっつめて小さな丸髷を結い、白い半襟を細く覗かせて黒っぽい着物を着ている。小太りで、身を飾ることをしていない。

そう、彼女はけっして美人ではない。しかし独特の魅力がある。

自信に満ちた強い眼差し。怒りと悲しみを隠して、無理に微笑もうとしているかのような口もと。写真を一目見ただけで「タダモノではない」と直感させる風格を備えた人である。

けれども、この女性は石川ミユキではないことを、このたび私は発見した。

彼女は宮本百合子。大正から昭和にかけて活躍したプロレタリア文学の旗手にして、左翼運動家。昭和初期に共産党に入党し、日本共産党元委員長・宮本顕治と結婚、第二次大戦中は繰り返し検挙されたものの、弾圧に負けずに言論活動を続けた闘士であった。

年齢は石川ミユキより二歳年下で、一八九九年（明治三十二年）生まれ。享年五一。

宮本百合子の肖像写真は多数、印刷物に掲載されており、その数の豊富さはウェブ上の「シリアルキラー　石川ミユキ」の比ではなかった。

わかってみれば、馬鹿みたいな間違いだ。何故彼女が石川ミユキと混同される羽目になったのか？

その原因は、寿産院事件のすぐ後に宮本百合子が「アカハタ（現・『赤旗新聞』）に寄稿した『生まれた権利をうばうな（原文ママ）』という文章のせいだろう。

他に石川ミユキと宮本百合子の接点は存在しないから、まず間違いないと思う。レッドパージが始まる一九五〇年までの終戦直後の五年間、宮本百合子は、時代に選ばれたヒロインだったはずだ。当然、彼女の言動は世間の耳目を集めた。

『生まれた権利をうばうな』で、宮本百合子は、寿産院事件で犠牲になった乳幼児の多くが私生児であるために「殺されても仕方がなかった」と言ってはばからない世間の一部を批判している。

そして、「正当な子供、正当でない子供というのは子供にとってどんな区別があることでしょう」と読者に語りかけている。

宮本百合子と石川ミユキは同じ時代に生きて、どちらも知的で自立した女性であったが、思想も生き方も、磁石のS極とN極のように対極にある。

器量の良い子には五〇〇円と値段をつけていた石川ミユキは、「人は生まれながらに平等で、誰しも生きる権利を持つ」と説かれても、たぶん鼻で嗤ったろう。

そしてまた、これは私の単なる勘に過ぎないが、石川ミユキのやってきたことを鑑みるに、彼女は、たとえ「正当な子」であっても、立派な家系に生まれた金持ちの子であったとしても、不細工ならば三〇〇円で売り飛ばして売れなければ飢え死にさせた、つまり平等に扱ったのでは……？

実際、宮本百合子は『生まれた権利をうばうな』で、「あの中には正当な結婚から生れた子供もいたようです（原文ママ）」と書いている。

宮本百合子が天国のような平等を説き、石川ミユキは地獄のような平等を実践した――そんなふうに私には思えるのだが、いかがだろうか。

新宿区市ヶ谷柳町にある宗円寺を訪ねたのは、二〇一六年初夏のことだった。

ここに、寿産院事件で亡くなった嬰児たちが葬られている。先述したように、事件発覚時、嬰児の死体は、寿産院の土間に埋められていたり、押入れなどに隠されていたり、中には生きている赤子に混ざって寝かされているのもあったりと酷い扱いを受けていた。

赤ん坊の死体は肉も柔らかいが骨も脆く、ましてや栄養失調の子の骨は細くて、地面に埋められてしばらくすると、あらかた土に溶けてしまって何も残らないという。

だから弔い直すときには、遺体の成分を含んだ土ごと寺に運んで、埋め直したそうだ。

都営大江戸線を牛込柳町駅で降りて、拡幅工事が行われている最中の外苑東通りを北向きに歩いた。南へ行けば寿産院跡地。弁天町にさしかかり、さらに北へ進めば事件を担当した早稲田署があった辺りになると気づいて、私は今、怪しい葬儀屋の長崎龍太郎がみかん箱に詰めた嬰児の亡骸を運んでいたのと、そっくり同じ道を歩いているのだ、と、ふと思った。

やがて宗円寺に到着した。石材店の隣に一対の石柱から成る山門が立ち、そこから石畳の参道が奥に伸びている。よく晴れた昼間だったので、右側の門柱に取り付けられた銘板が、陽光を照り返してつやつや輝いていた。刻印された山号と寺号が読み取れた。

〈護念山　宗圓寺〉

旧牛込区が編纂した『牛込區史』（臨川書店）によれば、宗円寺は「護念山攝取院」と号する浄土宗寺院で、江戸時代に市谷安養寺の末寺として創建された。

同書には一四四坪あると記されていたが、参道から境内を歩きまわってみた感じでは、もう少し狭い印象を受けた。

本堂も小さく、全体にこじんまりとしている。境内の墓地もあまり広くない。すぐに寿産院の犠牲者が合葬された慰霊用の墓を見つけることが出来た。

石碑でも塔でもないから、慰霊碑や慰霊塔とは呼びづらい。強いて言うなら慰霊墓だが、四角い台座に地蔵菩薩像が佇んでいるから、型で言えば〈地蔵尊墓〉ということになる。

日蓮宗以外では観音像を建立するそうだが、それ以外の仏教寺院ではたいがい、親より早く亡くなった逆縁のうちでも赤子や幼子であったり、此の世に生まれてくることなく死んだ水子を祀る際には、地蔵尊を墓石に建てる。

地蔵尊墓は建立する位置にも定めがあり、墓地の入り口から向かって右側の一番手前に造る。宗円寺でもこの規則が守られていたが、これは事件後だいぶ経ってから合葬され直したものなのだそうだ。

事件の直後に、嬰児の遺体を土ごと埋めたのは、参道に並んでいるお地蔵様たちの下だという。

境内から出て再び参道に戻る。外界との境い目にあたる参道は、出産するときの産道を表していると言われている。だったら本堂のある境内は子宮ということになる。

民俗学者・宮田登の『老人と子供の民俗学』によると、昔は、七歳以下の死児については、その魂を神の領域に置いて、自由自在に生まれ変わってこられることを願い、仏教の寺で弔うことをあえて避けたのだという。

近世まで、乳幼児の亡骸は土間や野山などに埋められて、村境の道祖神に霊魂を託されてきたことを振り返ると、参道に嬰児を埋葬した最初の判断も誤りではないという気がする。

幼子は右側に弔う規則はこっちでも守られていて、山門から臨んで右側の塀の前に、数体の地蔵菩薩が並んでいる。座像が多いが、「水子地蔵尊」と記した長方形の台に乗った六体のうち三つだけは立像だ。この三体と台は比較的新しいもののようで、傷みが少ない。

残りの三体は大きさもバラバラで、どれも古く、傷みが激しい。これらとは別に、参道の奥側に、ひときわ大きな地蔵菩薩坐像があり、まるで光背のように後ろに卒塔婆が林立している。この地蔵は赤ん坊を抱いて蓮台に座し、台座は六道を表した六角柱だ。

六角柱の正面に「子育て地蔵」と記されており、卒塔婆には「寿産院嬰児之霊位追善」と墨書されたものが多いが、中には「〇〇家先祖代々之……」と書かれているのもあった。

宗円寺をあとにして、外苑東通りを南へ下った。

通り沿いの市ヶ谷柳町の町内に、寿産院の跡地がある。長らく更地にされていたそうだが、訪れてみたら、飲食店が通り沿いに軒を並べている一画でそこだけ道からペコリと奥に引っ込んで、奇妙な空間をこしらえていた。

とはいえ、さんさんと陽が差し、瑞々しい緑で空き地の八割方は覆われ、両隣は庶民的な食べ物屋ではあるし、人通りも盛ん。そんな状況で眺めるぶんには、「忌み地」というイメージからは遠かった。

空間の後ろの建物は住居か事務所のようで、このスペースを半ばは前庭として、半ばは駐車場として、使用している気配がある。行ったときには車は置かれていなかったが、そこに生えている草の倒れ具合から、そんな感じを受けた。

雑草の隙間から石を研ぎ出した土間の痕跡のようなものが見え、またどういうわけか、一隅に古い屋根瓦が山積みされていたのが、不気味と言えば不気味だったが……。

私は、これから産院を開こうとしている若いときの石川ミユキも、こうして空き地を眺めたのだろうかと想像し、彼女の気分になってみた。

――東京で一旗あげてみせる。上を目指す。故郷には帰らない。

決意したとき、ミユキの心は希望に満ちていたはずだ。そしてここに二階建ての産院を建て、表通りからよく見えるように「寿産院」という看板を掲げた（＊②）。最初の母親が赤ん坊を抱いて訪れる。ミユキは胸を躍らせる。

——お客さんが来た！　よかった。帝大で習ったんだもの、私は、きっとうまくやれる。

託された赤ん坊を寝かしつけるとき、捨てたはずの故郷の唄を彼女は思い出す。

ねんねんころりよ　おころりよ
ねんねしないと　墓たてる。

ふいに寺で嗅いだ線香の匂いが鼻腔の奥に蘇った気がして、白日夢から覚めた。

私の背後を、ランドセルを背負った小学生たちがさんざめきながら通り過ぎる。すぐ横の飲食店の出入り口が開いて、満足気な顔をした客が吐き出されてきた。路線バスが音を立てて走ってくる。気の早い蟬が電柱で鳴く。どこかで、誰かが、ギターの練習をしている。なんて平和な世の中なんだろう。

私の裡《うち》にも石川ミユキのような鬼婆が棲んでいるのかもしれないが、幸いなことに今は彼女は眠っているのだと思った。

永遠に眠っていてくれますように……この安寧が続きますように……。

＊①　カギ括弧内は松崎憲三『堕胎（中絶）・間引きに見る生命観と倫理観：その民俗文化史的考察』からの引用。

＊②　寿産院事件についての写真資料の多くがインターネット上で公開されている。事件当時の寿産院の外観もその一つ（参照：ウェブサイト『ＮＡＶＥＲまとめ　寿産院事件とは【１００人以上のもらい子が死亡】』）

出ル――

仙寿院の交差点からタクシーに乗り、千駄ヶ谷トンネルを潜った。運転手は饒舌な人で、ここで幽霊に遭遇した同僚運転手の話をしてくれた。

「トンネルの天井から真っ逆さまに女が落ちてきて、ボンネットに乗っかったんだそうですよ。ほほほほほほ……」

「あなたは見たことはないんですか?」

「お足がない人を乗せたことなら、何度か」

笑っているうちに原宿界隈に差し掛かり、ふと、行き先を告げていなかったことに気づいた。いつの間にか辺りは宵闇に包まれている。

「どこでお停めしましょうか」

「ここでいいです」

怖くなって降りてしまった。走り去るタクシーを呆然と見送り、夜道を歩きだす。ほどなく、見覚えのある大通りに出た。表参道だ。死屍累々として、街路樹は焼け落ちている。青山通りを走る路面電車が、参道の入り口にある石灯籠の間で速度を落とす。車掌が「神宮の前でございます」と満員の車内に呼び掛けると、乗客が一斉に私に向かって敬礼した。

「お客さん起きてください。着きましたよ」

——夢の続きはまた明日。さあ帰ろう。迷って戻ってこられなくなる前に。

〇一、〇五、〇六、〇七、一〇、一五について、登場する人物はすべて仮名とさせていただいた。また、〇二から一五までは、情報サイト「しらべぇ」(http://sirabee.com/)に連載された「川奈まり子の実話系怪談コラム」を大幅に加筆修正・改題した。「入ル」と「出ル」、〇一と一六は、本書のための書き下ろしである。

川奈まり子

Mariko Kawana

1967年東京都生まれ。作家。一般社団法人表現者ネットワーク（AVAN）代表理事。女子美術短期大学卒業後、出版社デザイン室勤務、フリーライターを経て1999年から2004年までアダルトビデオ等に出演。山村正夫記念小説講座で小説を学び、2011年、『義母の艶香』（双葉文庫）でデビューし、著書多数。近著に『実話怪談 出没地帯』（河出書房新社）、『穢死』（竹書房文庫）などがある。

日本推理作家協会会員。

迷《まよい》家《が》奇《き》譚《たん》

2017年5月10日　初版

著者
川奈まり子

発行者
株式会社晶文社
〒101-0051 東京都千代田区神田神保町1-11
電話 03-3518-4940（代表）・4942（編集）
URL http://www.shobunsha.co.jp/

印刷・製本
株式会社太平印刷社

ISBN978-4-7949-6963-7 Printed in Japan